ウチら棺桶まで永遠のランウェイ

kemio

が

ランウェイよ

人生は、毎日

ウチらは５年後には
今と違う悩みごとと戦わなきゃいけないの。
そして苦しんでまた、５年後のために強くなる

太陽の光がパパラッチかのように

ウチらの人生を照らす、

365 日 24H

するようにしてるわ

未来に不安はあるけど、未来を左右するのって今だから、今の心配

夢を追い
かけるなら、
たやすく
泣いちゃダメよ

年齢とか年号とか
所詮ウチら人間が
作り出したものだから、
それに
感情コントロール
させる時間はない

なりたいなら口にするのそしたら秒

P2-4　コート、パンツ／Pred PR（JOHON LAWRENCE SULLIVAN）ブーツ／スタイリスト私物
P5-7　すべて／DIOR
P10-11　すべて／Pred PR（JOHON LAWRENCE SULLIVAN）
P12-13　シャツ、パンツ／MATT.（SHINYAKOZUKA）シューズ／Pred PR(A.P.C.)
その他　本人私物

contact
クリスチャン ディオール　☎ 0120-02-1947
MATT.　☎ 03-5766-3104

目次
contents

22 はじめに

24 第1章
私の、私だけの人生
引かれたレールを走るだけなんてガラケーちっくじゃね？

26 物心ついたときには両親ともに天国のギャルだった。
祖父母が子育てROUND2してくれたから気にしたことはないけど

28 保育園のころのバッグの中は女の子向けのものばっかり。
イオンでベイブレード買ってみたけど結局好きなのは『おジャ魔女どれみ』だった

30 「この粘土あげたら話してくれるかな？」とか考えてたいじめられシーズン、
イツメンなんていないし居場所ないしほんっとーにつらかった！　はっはっはあああ

32 一人で鳩の鳴き声聞いてても人をHAPPYにしたい気持ちはそのまま。
初めてエンタメのお仕事で得たお金はうれしすぎてお母さんに見せびらかした

34 中学入学の環境リフレッシュで友達関係は一生HAPPYに。
今でも親友のナディヤが私にレディー・ガガを教えてくれた

36 PSPでネットしてカセットテープで音楽聴いてた。
飢えてるからこそ脳を使えて結果HAPPYって感じだった

38 待ってるだけじゃダメだって小学生の時点で気付けてたから、
バイト受けるくらいのノリでオーディション受けまくった

42 テスト用紙が資源のムダってほど地球ごめんなさいな最悪の成績。
高校生活への憧れだけで地獄の高校受験を戦った

44 言われる前に言ってやろうと思って「姫でーす」って自己紹介した高校初日。
最高の3年間にするための最高のスタートが切れた

46 教室で出前を取ったり学校をクラブ化してはしゃいだ。
バカなこと楽しみまくっていらない勉強机は捨てた

48 友達全員と引き離された高2のクラス替えの紙に打撃。
萎えてらんない！って頑張ったけどクラスからは撤退

50 雑誌に載りたすぎてしつこくメールしたけど全然ダメ。
でもゼロからでも夢はつかめる、私がその証明ですとか言ってみる

52 Vineでフォロワー増えてアンチがいっぱい湧いたけど
楽しいこと見たほうが幸せだから脳を閉めたよね

54 芸能人になって「自分空っぽだな」って思ったけど、
進路調査書にはスーパーアイドルって書いた

56 1年露出がなかっただけで街中で「懐かしい」って言われた。
渋谷と原宿を嫌いになりそうなくらいの壁

58 英語できないでしょ？とかって止めてくるやつなんなの？
てめぇ私の家賃払わねぇくせにって、中指立てて行ってやったわ

62 英語なんて「Yeah」さえ刻めたら現地でもOK。
不安は必須アクセサリーだし、踏み出せた自分にあっぱれだわ

64 アメリカでは私は著作権フリーの素材になれる。
HAPPYをシェアするYouTubeはデジタル遺書

66 国籍も職業もジャンル不明だけど私はkemioだからいいじゃん。
目の前にあることをやって人をハピネスにしたいだけ

70
第2章
人間関係わんこそば
私を泣かせる相手に恨みはないの、強くしてくれてありがとうなの

72 みんな人間関係実験中。人からのアドバイスは
自分ビーカーに入れてぐるぐる回して失敗したら爆発してればいいよ

74 ウチらみーんなソーシャルメディアの奴隷。
時間制限なしの情報ビュッフェで好きなものだけお皿に運びたい

78 いいねとかフォロワー数とか評価を得たいのは当然よ。
数字だけで人のことを判断しなければ全然オッケーだから

80 暇つぶしの感性が独特な謎アンチなんてスルーでしょ。
弁護士に相談したら5万円くらいでぶったおせんじゃね？

84 すぐ容量パンパンになるから苦手な人のデータはどんどん削除。
ネガティブのインフルエンスはお断りさせていただきます

86 疲れたのPR活動ばっかしてると人生がチープな作品化しちゃう。
頑張って疲れたなら報告UPする前に蒸気でホットアイマスク

88 クソみてぇな人間に傷つけられて人生足踏みしちゃう前に、
自分に合ったセルフセラピー探してアゲてこ

92 人間関係の待ちの姿勢って宝くじ一等を夢見てるのと同じ。
自分から電波立てないと死ぬまで圏外で終わるよ

96 人間関係のコツは何度もチャンスを与えないこと。
期待し続けてずるずる傷つく前にオペして切除だよ

98 1回黒の絵の具を足したら一生黒になっちゃうのが人間関係。
黒くて嫌な感情は飲み込む前に吐き出し合って一生好き安定

100 気にしすぎると何もできなくなって超絶難しいから素直になるのが早い。
「私のトピックでーす聞いて！」って幼少期みたいに自信持って言お

102 友達や居場所なんて探さなくてもいいんじゃね？
自分を苦しめてるのは状況じゃなく「友達絶対必要」って思っちゃう脳なのかも

106 こいつにエネルギー使いたくねぇってときはサービスのＹＥＳでやり過ごす。
「はいa.k.a.帰りたい」では自分の軸は傷つかない

110 第3章 恋なんて、、 一生 #出口の見えないカンバセーション だわ

112 人を愛することには変わりないから男性とも女性とも恋に落ちたことがある。
「やっぱそうなんだw」とか言うやつはバイバーイ

114 普通に恋してるだけだしみんなと一緒だと思ってる。
特別扱いしてほしいとか言いたいわけじゃない

116 最初に恋愛は男女って決めたのアダムとイブって人だっけ？
とりまよくわからないからまぁいっかー

120 世の中みんな恋愛戦闘態勢に入りすぎ。
勝手に勝ち負けゲームに乗せて勝手に敗北扱いするんじゃないよ

124 好きな人が欲しいなら狩りの態勢を崩しちゃダメ。
一緒に墓にブチ入りたいくらい愛を深められる相手だけを探して

128 好きな人からのＬＩＮＥとか秒で返すに決まってんじゃん！
35億もライバルがいるんだから誰に取られるかわかんない

130 想いを伝えただけで一歩進んだ戦士だよ。
告白待ってる時間なさすぎるから男からも女からも言っちゃえ

132 失恋したなら遊べ次行け、Ｔｉｎｄｅｒスワイプしまくりな。
そいつは人生の審査委員長じゃないんだから否定なんてされてない

134 もし浮気されたら死んでください♡ってバイバイ。
でも許しちゃうのは弱いってことじゃないよ

138 体の関係は需要と供給がマッチしてたらアリ。でも出会ってすぐ実技試験したら恋愛ジャンルの試験には落ちるよ

142 初心を忘れたからこそ生まれる思いやりが長続きには必要。完全平等のカップル希望だけどレアすぎて世界遺産人間かも

144 銀行口座をさらしていい唯一の人、それが結婚相手。結婚できなくても、そのときのkemioがどうにかするでしょ

146 「男女の友情」とか別カテゴリにしてること自体がナンセンス。ホモ・サピエンスとして人間関係つくってよ

150 第4章

ウチら棺桶まで永遠のランウェイ

知恵とか勇気とかなんでもいいから、自分でカスタムした武器で世界を壊してこ

152 見た目のコンプはラッキーアイデンティティ。見た目以外の武器もみがいて思考回路の迷路複雑にしよ

154 親が厳しいとか嫌いとかなら家を出ろ以外の回答はない。親ってキングとクイーンばりにすげぇって気付ける距離にいこ

156 自分のレースは自分で作るって気持ちは大事だけど、時代の違う親でもわかる形で夢をアピールすることも必須よ

158 私の広辞苑に才能って言葉はない。夢の理由は才能じゃなくて「やりたいから」でしょ?

162 タイムマシンなんて永遠にないから、今やるべきことのジャッジとか、何をやるかは賭けでしかなくてウチら一生ベガスなう

164 選挙に行く人が生きやすい世の中になるのはマジ当然。30代になったときに無理って言っても遅いから行く

166 過程を見てもらえないのも結果で判断されるのも当たり前。つらいなら脳の上に立って「頑張ってる」の気持ちを消して

168 人生の攻略本よこせよって感じのクールな大人になりたいけど
年齢とかいうただの数字でアクションを変えるのは意味不明

170 媚びなきゃ手に入らないチャンスなんてジャンク品。
自力でつかんだほうがいいなんて世の中うまくできててグーのね

174 お金を追いかけるんじゃなくてお金に追いかけさせるの。
私が先に行くからお金、あんたがバトン渡しな

176 暗いとこなかったら一生光れないんだから
私と一緒にどんどん病んでいこ、病んでる人をバカにするやつはバイみぃ

180 継続と努力は自分を盛るための最強アイテムでしかない。
でも毎日エンジン全開は無理だから夏に動いて冬は冬眠♡もアリ

184 他人の普通や幸せにあやつられる着せかえ人形にはなりたくない。
「個性的が正しい」って価値観だって結局、誰かの枠にハマってるだけ

188 おしゃれなんて自己満でランウェイ歩いてる気分になれればＯＫ。
インスピレーションに自分エキス混ぜて自分のファッションを作ってこ

190 自分の好きなことをして戦いながら生きてる人が好き。
ガガもギャルも戦友のつもりだから私も負けないように好きにやるわ

192 性格なんて気圧でも変わるし「性格がいい」って概念、いらなくない？
そんなの自分の意識でなんとかできる範囲

196 「男らしく」「女らしく」は関係なくていいと思ったことをやるだけ。
「男がえらい」は間違ってるって発覚したんだからそぐえよ、頼む

198 やりたいことがないのは捜索中ってだけだから○。
全部興味ないとか言ってシャットアウトするのは×

202 自分のことを自分がいちばん信じてあげて、しっくりこない常識には
中指立てて、棺桶までのランウェイをみんなで最高の戦いにしていこ！

204 おわりに

はじめに

地球上のみなさーん！　初めましての方、お帰りなさいの方、バーキンは持たないけどエコバッグは所持系のセレブことkemio、けみおでーす！　私、棺桶までのレース、ガンガン走っておりますが、みなさんのレースは順調ですか？　自分の人生の中で本を出すのが夢だったから、こんなに早く叶ってうれしいでーす。初めて語ることから、もう耳にタコができちゃうよってレベルの話まで、前菜からデザートまでフルコースな内容でお送りいたします。

そして御覧くださいこのすっきりとしたレイアウト。ところどころに目に優しく眺めながら眠れるような配色の、水、ウォーターをイメージしたページもはさみ、飲める本、といったテンションで読めるようになっております。ちな、私自身は生涯、読書というアクティビティから逃げ回っていまして、、最後に読んだのは『ぐりとぐら』っていう状況なのですが、そんな私でも読める本になっているのでご安心ください。また、味の感じ方は人それぞれとなっておりますのでご了承ください。

私ってもともとは自信がないタイプで、コンプレックスも1億個どころか無量大数って感じで、だけどみなさんからのエールによって自信をチャージしてここまできたんです。クサい台詞ではありますが、今度は私から、この本によって愛とエールと勇気と希望をお届けします。

自分の好きなことを折れずに続けて、自分の心を守るために騒音みたいな悪口は永遠にスワイプして、制限された中でやり方を探し続けて、最高に楽しい場所、ここまできた永遠に捜索願な人生を全部まとめた、これがｋｅｍｉｏですって感じの本です。読んでね。よろみ〜。

引かれたレールを走るだけなんて

ガラケーちっくじゃね？

第1章

私の、私だけの人生

物心ついたときには両親ともに天国のギャルだった。祖父母が子育てROUND2してくれたから気にしたことはないけど

1995年にこの世に上陸完了。とにかく横にでかい子どもだったらしい。そしていっつもモンチッチを抱いてたんだって、笑う。あと、よく泣く子で、祖母が「泣くから仕事に行きづらかった」って言ってた。今思えば申し訳なさすぎてアーメン。私は祖父母に育てられたの。2歳のころに両親が亡くなって天国のギャルとなったから。でもね、両親がいない環境について悩んだことって特にない。YouTubeの動画とかでもサラッと言っちゃってるけど、本当にサラッとしてるんだ。**両親は仏壇で目が合って、「元気～？　私は元気～！」って報告する存在。**物心ついたときにはもういなくて正直声も顔も写真やビデオを見ないと思い出せないし、しかも祖父母がお父さんとお母さん～みたいな感じで

本当の子どもと接するようにぶつかってきてくれたし、私もぶつかっていってたから、状況がなんにもわかってなくて。両親がいないことに関しては「ああ、そうなんだ」って感じだった。「お母さんに会いたい」とか「お父さんってどんな人だったの？」みたいな気持ちにもたまーになるけど、それが悲しくて仕方がなかった日はないかもしれない。

祖父母にとってみたら、子育てが一段落して孫が生まれてってときにいきなり自分の娘が亡くなってしまって、孫を引き取って子育てROUND2っていう、私には想像もつかないほどめちゃくちゃ大変な出来事だったと思う。だから、**軽い言葉になってしまうけど祖父母にはマジで超感謝してるー!!** 小学校くらいまでおじいちゃんとおばあちゃんだって知らなかった気がするし。だから、私の母親と父親って、もう祖父母のことなの。それってなんにも悲しいことじゃなくない？って思う。……でもあまりに両親のことを気にしてなさすぎて、ふたりとも天国で泣いてるかな。。そうだとしたら申し訳ない。私だったら悲しいかも。悲しまないで！ どんなときもあなたのことを近くに感じて毎日サバイバルしてます。生んでくれてありがとー!! すきぃ。

保育園のころのバッグの中は女の子向けのものばっかり。イオンでベイブレード買ってみたけど結局好きなのは『おジャ魔女どれみ』だった

保育園のころからこの調子だった気がする、たぶん。通園バッグの中に仮面ライダーとかそういうものは入ってなかった。ああいう系って「え、色が地味ィ」とか思ってた。あるとき叔父さんから**「なんで男の子が好きなものを持ってないんだ？」って聞かれたりしたけど、幼いなりに「関係なくね……？」って。**強く反発したとかじゃないけど、不思議に思ってたのを覚えてる。だって単純にディズニーとか『おジャ魔女どれみ』とかのほうがカラフルで楽しくて好きなんだけど？ってずっと思ってた。みんながあんまり言うから、男の子向けっぽいおもちゃとか買って調整？を試みたけど、やっぱりこちとら好きなのは全然キラキラばびゅーん系だしたまごっちだし。

保育園では女の子の友達ばかりだった。当時から目立ちたがり屋で、発表会で「主役の白雪姫をやりたい！」って立候補したりしてたけど、さすがにそれは攻めすぎってことになって、魔女役で妥協したわ。人の前に立って人をＨＡＰＰＹにすることに憧れてたし、みんなが笑ってくれたらそれに幸せ、自分の居場所を感じたの。ミニモニ。とゴマキが大好きで、あんなにキラキラしたステージに私も立ちたい！っていう気持ちを、発表会で活かしてたわ〜。家でも歌ったり踊ったりしまくってた。アイドルのカードもたくさん持ってたなぁ。

家族は**礼儀とかにすっごく厳しくて、箸の持ち方とか人に対しての思いやりとかは教えられたけど、考え方や在り方に関しては特に何も言われなかった。**今思い返せば結構規則はあったのにそこだけ無法地帯スタイルは謎、、笑う。だから趣味とかを矯正されたとかはなくって、キラキラぱぴゅーんが好きなまま育った。自由の国ジャパン最高〜。礼儀とかについては、本当に厳しくしてもらえてよかった！と今は思ってるから、心からありがみ探検隊。つまり、女の子向けのものが好きで、アイドルに憧れて、周りのアダルトたちからの「なんでこんなのが好きなの」って声を逆に疑問に感じ始めた、疑問返しの幼少期だったんだよね。

「この粘土あげたら話してくれるかな？」とか考えてたいじめられシーズン、イツメンなんていないし居場所ないしほんっとーにつらかった！　はっはっはあああ

小学校低学年のころから、もちろん引き続き人をＨＡＰＰＹな気持ちにしたい！っていう気持ちがあったんだけど。どうやらそれが良くない方向に出ちゃったのね。こうすれば人が喜ぶってことを考えて行動してたら、人気グループから「毎朝ブランコ取っといて」って頼まれるようになっちゃった。「私必要とされてる！」って、**朝６時に学校に行ってブランコ取ってたりしてたんだけど、お前それ冷静にパシられてんぞって当時のけみおさんに言いたいです。**今で言うならＨ＆Ｍの新作に並ばされてるようなもんだよね……。でも、友達の作り方がわかんなくって、間違ってるんだけどそうなっちゃってた。しかも、やっぱり女の子の友達ばっかりだった。『どうぶつの森』が大好きで「自分でカスタム

してかわいくできるなんて最高」と思ってたんだけど、それを共有できる相手が一生女子しかいなかったの。で、そのうち、男子から菌扱いされるようになってオカマだオカマだって言われて避けられるようになった。だからといって女子と仲良くするのはやめなかったけど。だって、男子との会話つまらなすぎて泡吹きそうだったから。笑　特定の居場所はなかったなー。**自信がありそうに見られるけど、私って死ぬほど人の顔色をうかがっちゃうタイプ**だし、当時はうまく人と関われなかった。

そうこうしているうちに、事態はさらに悪化していって。仲良くしてた女子たちの派閥争いに絡んじゃったっていうか、気付いたらふつーにいじめじゃんってことが繰り広げられてた。泣いた。始まりは大縄で私がミスったとかクソほどしょうもないことで、女子の戦闘態勢10億とかの強めキャラが「あいつ、はぶこ」って言いだした。そして周りの子、仲良かった子も、みーんな口きいてくれなくなっちゃった。その時期がいちばんつらかったなぁ。毎日、どうすればみんな私と話してくれるのかなってことばっっか考えてたから。

一人で鳩の鳴き声聞いてても
人をHAPPYにしたい気持ちはそのまま。
初めてエンタメのお仕事で得たお金は
うれしすぎてお母さんに見せびらかした

強めの女から徹底的に外されて、つらい時期。クラスの子から「ゲームの対戦しよー」って呼ばれて家に行ったのに着いたら、玄関で「しっしっ」って拒否されたりとか。泣いたー。でも私、小学校は皆勤だったと思うの、記憶が正しければ。笑　祖父母もことの重大さをあんまりわかってなくて、しかも厳しいから死んでも行かせるみたいな感じだったし。一人の時間が多すぎて、**公園で鳩の鳴き声とか聞いてたわ。よくわかんない言語みたいな鳴き声で、それでちょっと心が落ち着いてた。あー悲しかった！**　そのときの楽しみはカートゥーン ネットワークとアメリカの通販番組とハイスクール・ミュージカル。まねっこしてたぁ。純粋にエンタメ系の世界に興味があったし、いじめられててもやっぱり人を幸せにしたいって思ってた。

それでね、これ私初めて言うんだけどね。小6のとき1回ジャニーズになりかけたの。ちな、それ「もうカッコいいほうに寄ろう！」って思ってたシーズンの話なんだけど。お兄ちゃんと応募して、呼ばれて、ふたりで行ったら実は受かってたのは兄だけだった。泣いたー。でも「ＹＯＵもいいよ」って言われて参加できたの。まじで本物台詞に寿命が延びて困惑。今も活躍中のグループの後ろでバックダンサーやったわ。楽屋にはマックのハンバーガーがエベレスト級にそびえ立ってて、テンションブチ上がった。それで謝礼をもらって、うれしくてしょうがなくて、だって**初めて人をＨＡＰＰＹにする仕事でもらったお金！「見て見てお母さーん！」って仏壇に置いたよね。**まぁそれは、金欠のときに使っちゃったんだけど。人生で初めてエンタメで稼いだ金はミラノ風ドリアに消えたわ。その後、呼ばれることはなかったんだけど、すごくうれしかったなぁ。棺桶まで連れてくトピックです、はい。

中学入学の環境リフレッシュで友達関係は一生HAPPYに。今でも親友のナディヤが私にレディー・ガガを教えてくれた

そして秒で中学生デビュー。他の小学校からも生徒来るし、メンツもリフレッシュされて、みんなから無視されることはなくなってたし、**まぁ相変わらずオカマとかは言われてたんだけど、全然冷静に気にしなくなっていった。**ただ、男子には永遠に混ざれないまま。デケェから体育の時間のサッカーとかでキーパーやってみたけど、全部入れられちゃって、そこでカスいっていうイメージが付いた。せつねぇ。

でも友達関係は最強。中2のころ、今でも親友のナディヤが転校してきたの。ナディヤはハーフの女の子なんだけど、彼女が自分の後ろを走っていったときに、「あの素早い女は誰だ!!」って強い衝撃を受けて。ナディヤとの心のコネクションを、勝手に感じてしまった。当時私は

いっつも歌ってて、主に絢香とかHYとかを図工の時間とかに粘土こねながら歌ったり、朝礼台でも歌ったりしてたから冷静にウザがられてたのね。特にナディヤはそれが馬鹿ウザかったって最近言ってた。でもどうしても仲良くなりたくてつきまとってたら、いつの間にか帰り道ローソンで海外ゴシップ立ち読みする仲になった。女4人と、奇跡的に仲良くなれた男3人とのイツメンもできた。この男子たちだけは他の男子と違っておおらかで、何でも話せる存在だったの。まるでユニコーン。まるでホモ・サピエンス。放課後いっつも一緒に帰って、くっだらないことばっかして、一生笑いまくってたんだけど。そのころ、ナディヤも私も先生に目をつけられてて、それもあってどんどん仲良くなっていったのね。T先生みてるー⁇ 私たち元気にやってまーす！

ナディヤは、私にいろんなことを教えてくれた。海外のこと、ファッション、MTV、そしてレディー・ガガ。全部、なにこれヤバみって感じで好きになっちゃって、目で見る海外ゴシップ、耳から入る洋楽全部が刺激的だった。今レディー・ガガを好きなのは、ナディヤがきっかけ。帰り道に『GOSSIPS』見ながらケイティ・ペリーの話をしたりする時間がもうすっごく楽しくて、死ぬほどアゲだったわ。

PSPでネットしてカセットテープで音楽聴いてた。飢えてるからこそ脳を使えて結果HAPPYって感じだった

でもそのとき親は冷静に厳しかった。一生門限があって外泊も禁止。ナディヤとか夜8時まで遊んでるのに、私は6時に帰んなきゃいけなくて。しかも私ケータイも持ってない分際だから、前略とかm・i・x・iとかモバゲーとかの時代にメールアドレスが私だけ@yahoo.co.jpみたいな状況。「今平成何年ですかー」って。ケータイ買い与えてください抗議活動365日してた。でもケータイは高校生になってからバイト代で買いなさいとか言われてしまい。命綱はPSPだった。**PSPから頑張ってネットにつないで、こっちは本気だぞって感じでカーソル燃える勢いでネットサーフィンした。**もう基本すべてがアナログなの、当時の私って。TSUTAYAでCD借りたり、近所の美容院の人にヒットソ

ングをCDにまとめてもらって、それをカセットテープにして持ち運ぶの。iPodとかある時代にカセットテープ。再生でしかダビングできないしめちゃめちゃ大変だった。笑　ダビングのために一生音楽流してないとダメだから共同部屋の兄とは毎日戦争。第何次世界大戦したのか。。みんなはLISMOなのに。あえてのカセットテープかわいい♡とかじゃなくてガチでそれしかない武器で、わりと萎えてた。

でもその飢えのおかげで、脳をいっぱい使えたから、結果よかったと思ってる♡　ネットもPSPから頑張ってつなぐ〜みたいな方法を探せたし、基本飢えてるから音楽を1曲1曲余計にしっかり聴くし。テクノロジー使わなくても、楽しいことは見つけられる。自分にとって無理なことがあったときに、どうしたらいいか方法を探すっていう習慣がついた気がするなぁ。一応当時は陸上部で、秒で辞めちゃったけど、っていうかふざけすぎて退部になっちゃったけど、全然一生楽しすぎる毎日だったなぁって今思える。「楽しいことないかなー」とか口で言うだけな人にはなりたくない。楽しいことは自分で狩りにいくぞみたいな、私ってそのときからそういう精神でサバイバーしてた。ウチら何が楽しくて何が自分に刺激をくれるか、自分自身が一番わかってる。

待ってるだけじゃダメだって小学生の時点で気付けてたから、バイト受けるくらいのノリでオーディション受けまくった

小6のころ、ジャニーズになりかけたんだけど、全然連絡こなくなっちゃってたんだ。なんか待ってるだけじゃダメなんだなってわかった。だから中学生のときはTBSのオーディション受けて、タレント事務所のオーディション受けて、だけど全部落ちまくった。**本当にオーディション雑誌が、バイトルみたいなノリ。片っ端から受けて片っ端から落ちていく状況。**有名になりたい！　テレビに出たい！って。しかもそのとき私も気付けよって感じなんだけど、オーディションの面接で「純日本人です！」って言ってたんだよね。知らなかった、自分がハーフってこと。顔濃くてぽっちゃりで、髪の毛チリチリで、その時点で冷静にハーフとかだろって感じなんだけど。審査員も「え？　日本人？」みた

いになってて。そのときは「自分ってエイリアンなの……？」と思ってた。高1くらいですでに「もしかして私、芸能界向いてないのかな？」って心折れそうになるくらいオーディションには落選続きだった。

でも、諦めることは本当になかった。エンターテインメントのお仕事をやりたいっていう意志が、とてつもなく強かったから。次があるとか、いつかは引っかかるだろとかっていう思いで進んでいってたの。受からないともちろん落ち込むし、自信なくなるばっかりだったけど、必死でコテ買ったりしてキューティクル焼き殺しながら前髪伸ばして自分を改造してた。**あのとき諦めて「自分なんか……」ってならなくて本当によかった。過去の自分にシャンパン開けちゃう。**だって悩んでたって何も進まないし、切り替えて進んでいくしかないなぁと思う。さっきも言ったけど「やりたいなー」って思ってるだけで何もしない人になるのは嫌だった。夢見てるだけで次の日起きたら叶ってましたなんてことは一生ないし、オーディションを受けないなんて道、私にはなかったなぁ。

人なんて悩み
ごと工場だし、
自分の力でさ

ぼいてかないと出荷が間に合わないよ。

テスト用紙が資源のムダってほど地球ごめんなさいな最悪の成績。高校生活への憧れだけで地獄の高校受験を戦った

いやもう、ほーんとに成績最悪だったの。もう一生勉強がダメ。**三者面談で先生から「行ける高校がありません」って本気の顔で宣告されておばあちゃんが泣いちゃったくらい。**ほんとそれまで「勉強しなきゃ」とか思ったことすらなかったの。そんなやべぇと思ってなくて。そのとき初めて「やべぇ、高校行けない！」って焦った。「高校行けないとバイトできねぇ！」「ケータイ買えねぇ！」って。「そしたらマイミクなれねーじゃん」「リアルでリアル更新できねえじゃん」「野ブタパワー注入できねぇじゃん」って。今思えば高校行けなくても働けるし、ケータイも買えるんだけど。なんかそのときは「高校行かなきゃケータイが買えない！　ヤバーい！」って思い込んでたの。思考回路が永遠に野原。

冷静に私の状況に危機を感じたおばあちゃんが、貯めてたお金を塾にあててくれて、人生であれ以上ないくらい勉強した。当時そんなことできないくらい金銭的にキツかった中で私を塾に放り投げてくれて本当に感謝。学校終わって塾、もちろん一番下のクラス。上のクラスの子に「お前ら絶対無理っしょ」とか言われてカッチーンきてやる気出たよね。勉強しまくって、本当に、死にました。（生きてるなう。）自習室とかまで行っちゃって、休憩時間にスリーエフ行くことだけが人生の楽しみ〜みたいな。最終的に都立の高校に受かって、おばあちゃん泣いてたし私も泣いて次の日むくんだ。

そして中学の卒業式は、当時私かぶれてたから前日卒業ソングとかベッドで聴いて泣いちゃって、むくんだし当日は泣けなかった。日頃から歌いまくってた絢香の歌聴いてひたってたわ。**自分の居場所が初めてできたのが中学。そのベースは今も変わってない。**今でも地元の友達とめちゃくちゃ遊んでるし、あのころみたいに毎日は会えないけど、年1だって何にも変わらない関係。友人みんなへありがみ探検隊。

言われる前に言ってやろうと思って「姫でーす」って自己紹介した高校初日。最高の3年間にするための最高のスタートが切れた

高校に入学したら、また絶対にピンポイントで「オカマ」ってひやかされると思った。だからもうこっちからイメージ付けちゃおーって。何事も初日ってみんなクールになろうと仕込みしてくるし分厚いバリア張ってる。だから最初が肝心。と思ってバリア掃除係にまわった。そもそもオカマって一体何？　話し方が中性的ってこと？　色使いが女の子寄りとか？　男の子がPUMAを選んでる中でスポンジ・ボブが好きだったから？　とかって思ってたけど、小さいころからその言葉に悪意がこもってることだけはわかってて、バカにする気なのは伝わってきてた。**それで私、高校入学してすぐ「姫でーす♡」って言いながら練り歩いたのね。みんな最初は「え？」って感じだったけど、でも受け入れて**

くれたー。この子はこういう子って。言ってみてよかったー。

もちろんバイトも瞬で始めた。部活がマストの学校だったんだけど「ウチ働くから無理！」ってそんなに活動がなさそうな茶道部に入って、3回くらい茶をといだけど、「結構なお点前」とかいう決め台詞の前に秒で辞めた。働きたすぎて面接で「週7で働くし交通費もいりません」って、「あなたにとって私、最高の条件ですけどー⁉」みたいなアピールして無事に合格。冷静に週7は無理だけどぶっちゃけ入っちゃえばこっちのもん！　その金で原宿行ったり、大好きなディズニーランドの年パス買ったりして、そこで友達できたりとかした。**ちな、そのバイトで「お姉さん日本語上手ね」とかお客様に言われまくって、そこらへんで自分がハーフって気付いたと思う。**友達にも「あんた絶対ハーフだよ」って言われてたんだけど、やっとだよ。たぶんだけど親は、ハーフって言ったらいじめられるかもって心配してたんじゃないかな。発覚したときマジで腑に落ちた。やっぱりーって。もちろんケータイも買って、数世紀遅れでmixi始めようかなと思ってたところでTwitterが流行りだして、そこからやっと私のSNSライフが始まった。

教室で出前を取ったり学校をクラブ化してはしゃいだ。バカなこと楽しみまくっていらない勉強机は捨てた

高1のとき仲良い友達ができて、チャーリーズエンジェルっていうイツメンを結成したの。いちばんの活動は学校中のペットボトルを集めること。なんかボロボロの購買で1本10円で引き取ってくれるシステムがあって、**だから金への執着により、学校中のペットボトルを集めてまわってた。**ちな、みんなでYouTubeもやってたけど、それは学校の先生にバレて消させられたー。女子十二楽坊ごっこの動画が人気になっちゃって、『ZIP!』で桝さんに街頭インタビューとかされちゃって、瞬でバレたよね。H先生みてるー？　ウチ今は合法的にYouTubeやってまーす！

この時期って全部が楽しかった。教室に出前取って怒られたり、98円

のポップコーンをディズニーのバケットに入れて学校でディズニー気分やったり、バカなことを全力でやれた。でも今思えばもう少し周りを見るべきではあったかも。なにより、そのとき私ちょーかぶれてて、とにかくうるさすぎていた。。。「学校をクラブにしようよ！」ってノリで、学校でオレンジジュース飲みながら、お昼休みにスピーカーから音楽ガンガンかけたりして。先輩から「うるせえんだよ‼」って怒鳴られて。先輩あなたは正しい私がバカでした。。謝罪。でも髪の毛を染めるとか制服をだらしなく着るとかは一切興味がなかった。やれば怒られるし直すのにお金もかかるし、そこにエネルギー使うのはなんか違うなって思って。治安悪い系とかじゃなくて、ただただ幼稚だった。**ちな、そのときに家の勉強机は捨てたー。だって私の人生にいらないし、デカいし、ジャマだし、フォルムが盛れてないし。**私の部屋、兄と8帖の分け合いで歩けないほど狭かったの。だから「君、いらなくない？」ってなって、捨てちゃったー。勉強しなくていいや、バイトしよって。

友達全員と引き離された高2のクラス替えの紙に打撃。萎えてらんない！って頑張ったけどクラスからは撤退

高2のクラス替えで状況が一変して、学校が地獄と化したの。イツメンのチャーリーズエンジェルたちとクラスが離れちゃって、友達がいないクラスになっちゃって、刑務所の気分でした。笑　休み時間が面会時間のよう。あーやっとみんなに会えるーみたいな。でもそんなこと言っててもしょうがないかなって、**死ぬ気で受かった高校生活だし萎えてらんないって、楽しい刑務所にするしかないって、**とりま文化祭をちょー頑張ることにして「私に代表をやらせてください！」って手を挙げた。でもみんな見事に協力してくれなくて、夏休みとかもほとんど誰も来なくて、まあ受験勉強を頑張ってる人が多かったからしょうがないんだけど。そんな感じで楽しくできなくてクラスからは撤退してしまうムード

になった。で、そのとき学校をサボることを覚え始めちゃったの。「行ってきます！」って家を出て、チャリが消えればおばあちゃん信じる！って気付いちゃった。学校から電話がかかってこないように、電話線切っちゃったこともあります……。卒業後に「実は休んでたんだよ」って言ったら「はぁ……まぁ卒業できたからいいけど」って反応だったわ。謝罪。

高2のときディズニーの年パスが高すぎて更新できなくて、それで原宿に通うようになったの。派手な格好で近所をランウェイするのはやめなさいって親から怒られてたから、駅のトイレで着替えたりとかしてたわ。学校には私が好きなファッションをするような、似た趣味の人はほとんどいなかったけど、原宿にはいっぱいいたの。憧れの店員さんとTwitterでつながったりとかして、好きなことを通して学校以外で人とつながれるってことを知った。学校だけがすべての世界じゃないって気付いた。**自分が楽しいって思うことを作っていって、あれやろうこれやろうっていっぱい見つけていったの。**でもそれにはお金が必要でまたシフト地獄。家から一歩出るって高え。。

雑誌に載りたすぎてしつこくメールしたけど全然ダメ。でもゼロからでも夢はつかめる、私がその証明ですとか言ってみる

なんか5ページくらい話してなかったけど、この間ももちろんずっと夢は人前に出るお仕事でした。**高校生向けの雑誌の『HR』っていうのがあって、それが本当にまさに憧れの高校生活って感じだったの。**もう私はそれに出たくて出たくて。「出してくださーい」「お願いしまーす」って感じで出演者募集に送りまくってたんだけど、ダメっぽかったからさらに「どうですかー?」「出たいでーす」ってブチ送ってたら編集部から「大丈夫です、届いてますよ」って返事きて。さすがにしつこすぎたって雰囲気が出てたー。気まずくて穴に入りたかった泣いた。

それで結局、メール送ってた人じゃない人から偶然Twitterに DMがきた。「『HR』のお部屋特集に出ませんか」って。よしきた!っ

て思ったよね。当時ツイキャスで、クッソ狭いおもちゃだらけの部屋を背景にしてしゃべってたから、それがよかったのかな？　撮影!?　!?ってウキウキで、何をするんだろう、どういう顔をすればいいんだろうって。１日で痩せられるかなー？って考えたけど方法はゼロで、そのまま治安の悪い状態の顔で載ったしなぜか本名記載で出たから永久保存版。そこから『ＨＲ』にはちょくちょく載せてもらえるようになったの。

本当にね、芸能界向いてないのかな、無理なのかなって思うことも正直あったんだけど、方法を探しまくって、全部やってみてよかったと本気で思えた。**戦いはいつも誰かに止めさせられるんじゃなくて、自分で止めない限り、一生納得いくまで続けるもの。**ゼロからでも、ダメですって言われても、粘り強く諦めなければ夢のスタートは切れる。私が証明とかボヤいてみる。本当に無理かもしれないって思ってたから、ディズニーのキャスト狙うべきかなくらいのテンションでダンス習ったりして、でも向いてなくてやっぱり原宿の店員さん目指そうかなくらいの迷いとか落ち込みはあった。でも、諦めなくてよかったわ。迷っても強いハートという武器をカスタムしたら、夢のレールから外れることはないと一生信じてる。

Ｖｉｎｅでフォロワー増えて アンチがいっぱい湧いたけど 楽しいこと見たほうが 幸せだから脳を閉めたよね

Ｖｉｎｅを始めたのも高3。これは別に有名になりたいとかいう気持ちでは始めてないんだ。学校であったネタを友達に見せたかったから開設。なんか原宿の大好きだった店員さんがＶｉｎｅやってて、見てみたら海外の子たちがネタやったりしてて、こういう使い方もあるのか！って。しかも無料じゃん？　私無料大好きだから、やってみよーって。ＵＰしてみたら、すっごい反響で驚いて顎外れたし、ケータイも通知の量で加熱からの発火コースになるかと震えた。ネタも考えるとかではなく、ただの学校あるある。みんな「ウチの学校もこんな感じ」って共感してくれた。**片足突っ込んで安全だったから両足入れてみたら、全身入っちゃったー！みたいな感じだった。**思ったことを好き放題に叫んでるうちに、すっごいフォロワーが増えて、ありがとうございますーって感じで、そしたら『HR』から「一緒にいろいろやりましょう」って誘っていただけた。そこで「『HR』大好きやったぁ!」ってなって、事務所に入ったの。うれしくていろんな契約書にサインしてケイティ・ペリーのような人生を歩めるのかもジャパニーズドリームって思ったなぁ。

仕事を通じて、目標を達成したりするうちに少しずつ自信がついていった。もともと自信は全然なくて、絶対に夢は叶うって脳をだまし続けてたけど、とはいえ不安はあった。でも、やっぱり結果が出てくることによって「これでOK!」って脳を納得させることができた。おかげで脳も安心するから、次の目標にどんどん進んでいける。嫌なこともちろんあって、会ったことない人から死ね殺すとかも言われて、「みんな仲良くしようよ〜」って思ってたけどSNSは意外と冷たかった。SNSなんてウチらのオナニーの溜まり場なのにね。だけどそれ以上に楽しかったの。悲しいことなんて一部にしか過ぎなくて、**やりたかった撮影、テレビの出演、元気もらってますって言われること。そっち見たほうが幸せだなって思って脳を光の速さで閉めたよね。**ヘイターたちにエサをやる時間なんて、一秒もなかった。

芸能人になって「自分空っぽだな」って思ったけど、進路調査書にはスーパーアイドルって書いた

芸能人？になって、初めての仕事はオールナイトニッポン。すべての展開が新幹線級に速くて驚き。よく挑戦させたなって感じだしそれ以来会ってないプロデューサーさんに面会希望。当日はほんと滝浴びて来た？ってくらい汗かいて、バカだから漢字も読めなくて、あの地獄に召される感じ、忘れられない。**人と作り上げるものって、一人家でVineしたりキャスしたりするのともう全然ちがーう**って。テレビもそうだった。どうしようどうしようってテンパって、一言もしゃべれない。「けみおぜんぜんノリ違うじゃん」「動画のキャラうそなの？」「テレビつまんなかった」みたいになってフォロワーが減ってった。楽しいからとか、勢いだけでやっちゃだめなんだな、私中身空っぽだな、実力

ないなって思ったけど……。でもよく考えたら全部初めてのことだし、参考書もない。わからないなら脳内にチャージしないとって決めた。

やっぱりどうしても一生エンタメ希望だったわけだし、Ｖｉｎｅがはねたし、この道に進もう！って、パパラッチにパパられるセレブになりたいってずっと考えてた。それで高３の進路調査書にスーパーアイドルって書いたの。先生はこんなんじゃ調査できませーんみたいな感じだったけど、そう決めてた。誰かの理解や意見なんていらなくて、自分で自分を認めたかった。私って生き方が雑だから、計画とかなかったんだもん。今のことを頑張って未来につなげていく生き方しかできなかった。**未来のことばっか心配してたら、今のことって誰が片付けるの？って感じだから、とにかく目の前のことを頑張ろーって。**親も私の夢を知ってたから、芸能人になることを受け入れてくれたわ。「あなたのやりたいように生きていきなさい」って。手に負えないって、諦められてたのかもしれないけど。高校卒業してから実家出るまでは、家賃とかの割勘には全力で参加した。高校まで行かせてくれた祖父母には感謝が止まらない。すきぃ。。

1年露出がなかっただけで街中で「懐かしい」って言われた。渋谷と原宿を嫌いになりそうなくらいの壁

でも高校卒業してから、芸能のお仕事は全然うまくいかなかったの。1日2万人とかフォロワーが減っちゃう日とかあったし！「あれ？私けみおまだフォローしてたんだ、ウケるー」って気付く人がいるのか、ツイートしただけで大量に減っちゃうときとかあって、もうツイートしない！って思ったり。今思えばただの数字なのに本当に大切なことが見えなくなってきてた。そうやってあんまり人前に出られなくなっていったせいで、**渋谷とか原宿で私を見かけた人に「懐かしい〜」とか言われるようになっちゃって、危うく渋谷原宿を嫌いになりそうだった。**懐かしいってお前、去年だぞみたいな。街中で笑われたりしたとき、いじめられてた昔のことを思い出して悲しくなった。マネージャーさんからは

本を読みなさいって言われたけど「えー!?」って感じだし、好きなものを見つけなさいってアドバイスされたけど、自然に見つかるんじゃないのそれって? まぁそう思ったけど、頑張らなきゃいけないじゃん。すっごい迷路だった。何か個性を見つけなきゃって、花の種とか飛行機についてとか詳しくなろうとしたけど、秒で飽きる、みたいな。そんな時期もあったなー。

事務所の人から「1日2個Vine上げてね」とか言われて、「私のSNSが自分のものじゃなくなってる!」って感じたから、Vineは辞めちゃった。好きだったものが嫌いになった瞬間だった。趣味が義務になっちゃったのもショックで、気持ちがゼロになった。20歳のちょい前くらいの話ね。嫌々絞り出すんじゃなくてスポンって生み出したいのにって。しかもみんな私をフォロワー数みたいな番号で見るしって、悩んで考え込んじゃった。何か違うことをしたい! **勉強して中身つめつめしたい~って考えたときに、思いついたのが昔から使いたいと思ってた英語だった。**それでアメリカ留学を決めたの。

英語できないでしょ？とかって止めてくるやつなんなの？てめぇ私の家賃払わねぇくせにって、中指立てて行ってやったわ

周りに「英語しゃべれないのに無理だよ」ってすっごい言われた。冷静に**日本で生活してきて英語しゃべれないのとか当たり前じゃん、なんで無理とか決めつけられなきゃいけないの？**　でもおかげでさらに火が付いたので、感謝ー。

芸能のお仕事で貯めたお金じゃ留学資金が足りなかったから、おもちゃとか、大事だったリファカラットとかを全部売った。そのお金で向こうの学費や保険払ったら、残りたった10万円とかになってそれだけ持ってアメリカに飛んだの。昔から経験に使うお金は惜しまないって決めてたから、10万円しか残らなくてもアメリカに行く経験をしたかった。セレブごっこしに行くわけじゃないしまぁいっかって。お金なんて追いかけるも

のじゃなくて後からついてこさせる、ウチが先頭走るからあんたがバトン渡しなよって勢い。

親にも反対されたくなかったから、家も学校も全部決めた上で「アメリカ行くから～」って報告したの。ちな、行くって決まってから「レギュラーの仕事オファーしようと思ってたのに」ってテレビの方とかに言われて「うそおおおおもっと早く言ってよおおお」ってなったりもした。でもさぁ、そんなこと言ってても仕方がないよね。やりたいことがあるならリスクを取らなきゃって祖父も言ってたし。だって、ふつーに朝起きたら突然自分の好きなことでご飯食べられるようになってるとか貯金が億貯まってるとかありえない。だから経験積まなきゃいけなくて、そのために勇気出して一歩踏み出すことも必要なんだと思う。私の人生においてアメリカに行くことは絶対に譲れないってもう心に決めてた。変な理由で止めてくるやつは全部うるさい、**こちとら最悪のパターンはシミュレーション済み。だから他人様からの再確認はご遠慮させていただきます、って中指立てて行きました。**みんななんでべらべら人の人生に口出すんだろう。人生ってみんなで相談して決めるものなの？

自分のスケッチブックには
自分で描いて

人のスケッチブックには
落書きしないで。

英語なんて「Ｙｅａｈ」さえ刻めたら現地でもＯＫ。不安は必須アクセサリーだし、踏み出せた自分にあっぱれだわ

ほんと私、アメリカに着いたときは「Ｈｅｌｌｏ」しかわかんなかったのね。入国審査の「Ｓｔａｙ」が言えないくらいのレベル1以下。だからもう何もわかんなくって、語学学校に入学して、日本人が少ないところにして、一番下のクラスに入ったの。あまりにわかんなすぎて、朝9時から夜7時半まで書く読むしゃべるって感じだったんだけど、授業中はお恥ずかしながら、ぼーっとしてました。机を捨てた分際としてはかなりキツい時間だったわ。だから学校で勉強するよりも、実際に人としゃべることで覚えていったの。きっと会話は**「yeah」をいい感じのリズムで一生刻んでればなんとかなるかんね。**

その勢いで、「I'm from Japan」しか言えないくせにＢＡＲとか行って「怖いことあって

もいっか！」って気持ちで、雰囲気が良さそうな人に話しかけて、英語取得〜ボキャブラリーゲット〜みたいな感じでやってみた。最初は間違えたら怖いなとか思ってたけど、行ってみたら実際いろんな人種の人がいて、崩れた英語しゃべりまくってる。それによく考えたら言語なんて冷静にツールだし伝わればいいよねと思ってどんどん話してるうちに、気付いたらだいたい聞き取れるし、会話もできるようになってた。寝てるときに英語で夢をみるようになったら身についてるって都市伝説的なのあるけど、ちな未だ夢はゴリゴリのジャパニーズ！

できたじゃん。バカにして反対してたやつは、時代が時代だったら島流しだよ。**なにかやる前ってね絶対に不安なの。不安は必須アクセサリー。一生取れません。**アメリカに行く前の私は、収入もあって、友達もいて、幸せではあって、新しいところに行かなくてもいい状況。でもそこで安心して立ち止まらなくてよかった。一歩踏み出せた自分に、今あっぱれあげたい気持ち！　空っぽで好きなことも嫌いになりそうだった自分から脱出して、あのとき私が描いてた夢に、少し近づけた気がした。大人になって誰にも怒られなくなったし褒められなくもなった、だから自分で「よくやった」って言ってみよーっと。

アメリカでは私は著作権フリーの素材になれる。HAPPYをシェアするYouTubeはデジタル遺書

アメリカでは、勉強してるとき以外ひまだった。だから大好きな配信しようかなって日記つける感覚でYouTubeにUPし始めたの。もともと持っていたアカウントで、当時は10万人くらい登録者がいたかな。ラジオやテレビにいい反応をしてくれない人もいたけど、YouTubeには「また動画やってくれるんだ！」って喜んでくれる人が多かった。純粋にアメリカで楽しいことをシェアハピできることもうれしい〜って感じで午前は学校で勉強して、午後は動画上げてって毎日を送ってた。「トイレが詰まっちゃったんだけど！」とか困ったことを動画で話すと、**みんながアドバイスのコメントをくれたりして、アメリカでひとりでも、ひとりじゃない気分になれた。**私の動画って好きなことやハプニングを

友達にシェアしてるイメージ。ルームメイトがいない間を見計らってクローゼットの中で撮ったりしてたなぁ。

アメリカでは勉強と動画の他に、ファッション路線の仕事もしてる。撮影のお手伝いしたりとか。日本だと「ｋｅｍｉｏ」ってイメージが付いちゃってるけど、アメリカではだーれも私のこと知らないじゃない？　それが逆にやりやすかったりする。私って昔のイメージと今のイメージ、ぜんぜん違うのね。昔はすっごくカラフルな服が好きすぎて、それは「けみお 過去」でググってもらえれば、時代は便利だから一発でわかるんだけど、年齢によって好みも変わっていって進化してるの。だから、何のイメージもなくナチュラルな一人のフリー素材というか、著作権なしの素材として使ってもらえるのが冷静に楽しいって思える。

……昔のことを思い出すと、みんなと一緒に成長してるなぁと思う。「Ｖｉｎｅ見てたときは小学生だったけど、もう大学生です」とかコメントもらうもん。だからもうウチら一生成長中～～!!って感じで、

YouTubeは「死ぬ前に残す～」ってデジタル遺書を作ってる気分。みんなは私にとって友達みたい。すきぃよ。

国籍も職業もジャンル不明だけど私はkemioだからいいじゃん。目の前にあることをやって人をハピネスにしたいだけ

そして今なんだけど、語学学校は2年半くらい通って辞めたの。向こうの語学学校ってコースの修了はあっても卒業がないから、いつ終わらせても一生退学〜って感じなんだけど。ほんと世間のみなさまは当たり前にやってることだけど、毎日同じ時間に同じことするって生活が私は永遠に苦手。あと机も苦手。**だから椅子に座ってじゃなくて、お仕事や好きなことをやる中で、英語を覚えていきたいなって。**クソガキみたいな発言をしてるのはわかってますごめんなさい。笑　私は授業中より、授業の後にネイティブスピーカーに囲まれているときのほうが勉強できてた気がして。生きてる言葉に触れるほうが向いてる〜学べる〜って。

アメリカの事務所に入ってお仕事もしてるんだけど、事務所が決まる

までも大変だったなぁ。どこ行ってもＮＯＮＯＮＯで。メールしまくっても返事なんてこなかった。結局もともと友達の紹介で出会ってた人から「一緒にやりませんか」って誘われたの。これ、『ＨＲ』のときとパターン一緒じゃんって思った。求められてるものにハマろうとして、闘牛みたいに赤いマントに向かっていってもいつも空振り。ひたすら好きなことを続けて拾ってもらうほうが早いのかも。これからも拠点はアメリカで、日本のお仕事もしつつやりたいことに挑戦していこうと思っています。

私ってジャンル分けに困る人間なの。ＹｏｕＴｕｂｅｒとは違うし、モデルでもないし、なんてカテゴリなの？って聞かれることもあるけど、私にもわかんない。ただ目の前に来たことを、やりたいことをやっていこーって思ってます。私、基本的に人生に計画性がないから、ゴールなんて決まってない。このあとどこに着地するかはわかんないし一生ジャンル不明。だけど**絶対ぶれない軸は「人をハピネスにする仕事をしてたい」ってこと。**何かの職業ジャンルにハマんなくてもいいのかなーって。自分が何者かってことよりも、「エンターテインメントの世界で人を幸せにする」っていう夢に近づけてることが私にとっては大切なんだよね。他の何でもない、私は将来ｋｅｍｉｏになりたい！

そりゃさー毎日生きてたらいろんなことあるしそんな人生ストトントントンって絵に描いたようにうまくいくわけないから

さ落ち込むことも失敗するこ

ともあるだけどね

Nobody is perfe

ctだよってハンナ・モン

タナが教えてくれたんだ。

私を泣かせる相手に恨みはないの、

強くしてくれてありがとうなの

第2章

人間関係わんこそば

みんな人間関係実験中。人からのアドバイスは自分ビーカーに入れてぐるぐる回して失敗したら爆発してればいいよ

人間関係って失敗しないと何も進まなくない？　自分で動かないと、学べない。誰かに相談したりアドバイスしてもらったりっていうのはもちろん大事だけど、結局そのフィールドで戦うのは自分なんだよね。

これを言ったらＫＹと思われないかな？　嫌われないかな？　とかいろいろ考えちゃうこともある。でもさ、そんなふうにあれこれ**ＡＢＣＤＥの道を予想してみたところで、実際やってみたらＺでしたーみたいなこと多くない？**

「あれ？　私考えすぎてた？」って感じで、予想してた怖いバッドエンドなんてどこにもなくて、なーんにも悪く思われないこととかあるある。「私の気持ちなんてあんたにはわかんないよ！」って台詞をよく聞くけど、本当にその通りなの。人の気持ちなん

て、考えたって正解なんか全然わかんない。

「嫌なことはちゃんと嫌って言ったほうがいい」なんて、いくら人に言われてもピンとこないよね。NOと伝えるのは勇気がいるし私も言うの怖いときある……。昔は、人から頼まれたことを嫌でもやることで、好きな気持ちが伝わればいいなとか思ってた。でも違う。嫌って言えずに引き受けてしまって、結局ちゃんとできない結果になるほうが迷惑をかけてしまうこともある。そう思って、だんだん言うようになった。それで、「嫌って伝えても大丈夫なんだ」って思う体験を繰り返してやっと「NO」って言う大切さに気付けたの。

人の意見はとりあえずふりかけとかスパイス程度に受け取ることにしてる。だってお母さんにアドバイスしてもらったところで、お母さんは私のフィールドに来て代わりに戦ってはくれないじゃん。だから、人のアドバイスなんて自分のビーカーに入れてぐるぐる回すくらいでいい。**失敗して爆発したらしたで、人生の歴史追加〜って感じで変わっていける。**行動することでしか学べないんだよね、結局。そうやって「なんだーぜんぜん大丈夫じゃん！」ってZの結果を何回も体験しないと、脳って永遠に理解してくれないから。脳ってわりとメンヘラ。

ウチらみーんなソーシャルメディアの奴隷。時間制限なしの情報ビュッフェで好きなものだけお皿に運びたい

SNSはウチらの脳みそをぶっ壊しにきてるよね〜。**みーんなSNSサイコ。感染してる。**なんかやってるときに「あ、これInstagramに上げよう」とか思っちゃって、あああ私SNSに雇われてるわ……って思うことがしょっちゅうある。ウチらの生活にしっかりタグ付けされちゃって、完全に汚染しにきてると思う。でもいいところもいっぱいあって、私なんかSNSがなかったら今こうやってみんなの前にいられないわけだし。誰もが簡単に発信できるって、最高！　ありがとうテクノロジー！　って言うてますけども、やっぱなんでもいいところだけーなんてことはないよね。

必要以上にみんなの生活が見えちゃって「え、みんなパーティー行き

がち」「こんな寂しいの私だけなんですかー?」って思っちゃうこともあるよね。わかる! 昔より悩まなくてもいいトピックに時間をかけてしまうことが増えた気がする。でもさー悲しかったこととか、本当の大事な芯の部分とかは、あんまりSNSに上げなくない? みんな自分の楽しい人生のワンシーンだけをシェアハピしてるんだと思う。ベッドで泣いてるところのインスタライブなんて、一生しない。笑 それがSNSの見せ方だから、その世界がすべてではないってちゃーんと割り切って画面スクロールするしかないんだろうなって思う。

SNSに疲れちゃうのは、トップページに勝手にいろんな情報が入ってくるから。与えられた情報を読みさばいていくうちに、毒されて病んでいく。流れてくるものだけ読んでたら、そのレールに乗せられちゃうのきっと。SNS自体はしょうがないけど、生き方としてはさ、みんなGoogle型で探求していけばいいよね。**自分のトップ画面には検索窓一個。そこに知りたいワードをブチ入れて、好きなものだけ見て生きていこ。**時間制限のない情報ビュッフェで、自分の欲しいものだけお皿に運んでいきたいなぁ。

インターネットなんて
宇宙みたいな
もんだから、
そこで広がる
ネガティブなことに

エネルギーを注ぐのは
もったいない。
宇宙からヘイトコメントが
送られてきても
感情は一生安定。

いいねとかフォロワー数とか評価を得たいのは当然よ。数字だけで人のことを判断しなければ全然オッケーだから

「いいねとかフォロワーの数を気にしてしまいます。そんな自分が嫌です」みたいな話をよく聞くんだけどね。気にするのわかる、当然だよ。だっていいねってうれしいじゃ〜ん！　やっぱり誰かが評価してくれたってことを、目で確認できるとアガるっしょ。自分の好きなことを発信して、評価を得たいっていう願望は普通のことじゃない？　みんなそうじゃないかな。それに**夢によっては数字が必要なときもあるし、数字を完全に否定するのも違うじゃんって思う。**特に私はそれでお仕事してる身だしね。みんなからのフォローもいいねもちょーうれしいの。夢や仕事につながってなくても、ゲーム感覚でいいねを集めてるのも、いいねもらったらアガるからって純粋な感情からでも、楽しんでるんなら数

字集めも全然オッケーだよ♡
ただし、数字中毒者は論外だと思う。人のこと数字だけで見る人っているじゃん。私のこと100万とか呼ばないでよ受刑者じゃないのよって感じ。「この人はフォロワー多いからつるむ」とかって言っちゃう人は沈めたーい♡　言っとくけど、私にフォロワーがいなかったら絡んでこないような人なんてこっちから願い下げだからね。その人が友達になってるフォロワー数多いやつ、フォロワー買ってるかもよ?って感じ。ハハハハハア。そもそもね、実際の私はこの数字なんかよりすごいんだからってそう信じてる。いいねの数なんて二の次だよ。**人間関係は生の勝負で、画面に表示されてる数字なんてオプションなの。**それがわかんなくなってる、時代が生んだ中毒者のみなさん。私もSNSの奴隷よ。だけど、自分のことを伝えたり、夢を叶えたりするためのツールとして数字を扱ってもらいたい。数字はその人の、人間関係のプロフィールじゃないの。私は、「仕事で使うもの」って完全に線引いて、距離をとることにしてるわ。

暇つぶしの感性が独特な謎アンチなんてスルーでしょ。弁護士に相談したら5万円くらいでぶったおせんじゃね？

SNSでの悪口って簡単に発信できることから起きる問題。パッて思い浮かんだことを、考えないでそのまま送信～ってしちゃう。それで相手を傷つけちゃってる状況なんだと思う。私もたまにアンチからメッセージをいただくわけですけれども、頭のいいアンチに「おおお」ってぐうの音も出なくなっちゃうこともあるわけですけれども、**悪口ばっか言ってくるアンチは「暇つぶしが独特～」って流してる。**本当に独特じゃなーい？　嫌いっていう気持ちで誰かをネットで叩いてみようっていう行動、わからなすぎて。ほんと独特な暇つぶしおつかれさまです、私はその時間、時給で働いてお金稼ぎたいんだけど、ちな、あなたにもバイトル紹介しようか？って。本当に嫌いで叩いている人もいるんだろうけど、結局そういう人たちは自分の感情に素直になれてないだけなんじゃんって思うよ。どこかで妬んでしまって素直に「いいね！」って言えないから、その気持ちを悪口を言うことでどうにかして消してるんじゃないかなぁ。自分の「うらやましいな」って気持ちを認めちゃって、自分が目指すものになれるように頑張ったほうが秒なのに、もう一度、本当におつかれさまでーす！

アンチ～みたいな大きな話じゃなくて、学校や会社の人に小規模に悪口書かれてるってパターンもあるよね。会った友達に愚痴るより手軽なのかな？　なんなんだろうね？　本気ひでぇな、**これいじめじゃんって状況になったときには、あっさり弁護士案件にしちゃおー。**知らないけど5万円くらいで頼めるんじゃない？　それでもらった賠償金で、自分の夢とかやりたいことやっちゃお。夢の賭けにそのお金使っちゃお～♡　賠償金でベガスできちゃうラッキー♡って。嫌なやつにエネルギー削がれる必要なんてないのはもちろんだけど、だからってこっちも同じステージに立って悪口でやり返す必要も絶対にないと思う。ウチらは誰かを傷つけるためにこの世に生まれてきたわけじゃない。

人間関係負け犬状態に
なるってわかってても

人に嫌なことしないのは、
ひとつの強さだよ。

すぐ容量パンパンになるから苦手な人のデータはどんどん削除。ネガティブのインフルエンスはお断りさせていただきます

苦手な人の話を保存してる容量はないよ。一生ない。うっかり記憶しちゃったら、どんどん削除していくしかない。特にいっつも「こんな最悪なことがあって〜！」って問題話のマイナス垂れ流してる人。あの人たちの話とか、私まじで聞いてないかも。**次から次へと悲しいドラマをふくらませて、もう自分で脚本書いちゃってるよねって人たちのお話ね。**気付いたら長編作品じゃ〜んって状況になってるし、お願いだから勝手にテレビ局に送ってＭｏｎｅｙに換えていただける？って。スルーよ、スルー。その話3分で終わるのに、自分で2時間作品に引き伸ばしちゃってない？的なことも多いし。もちろんみんな、自分の人生の脚本を書きたいものだと思うよ。私も書きたいもん。でも、ヘンに盛りすぎ

た脚本って、わざとらしいドラマになっちゃう気がする。

そういう人の話って、たまに知ってる人の愚痴的なことが出てくるんだよね。たとえば共通の友達に対する悪口を言ってるみたいな状況。とりま好き嫌いはしょうがないと思う。トマトは嫌いだけどケチャップは好き。**人間関係のハッピーセットにも「嫌い」っておまけが勝手についてきちゃうの。**それはわかるんだけど、その子のことが好きで友達な私にまで、嫌いをシェアしないでほしい。私はそのおまけ好きなのにーって。相談されるのはアリだけど、味方が欲しいから吹き込んじゃえ！っていうノリはナシかな。だから自分の友達の悪口言われちゃったらはっきり言うよ。「それ口に出さないほうがよくない？」って。嫌いをインフルエンスされるのって気分がよくないし、ほんとそのインフルエンス、ワクチン必要なんですけどー。しかも軽々しく人のことを悪く言う人って私のことも絶対ネガティブキャンペーンしてくれちゃってるから、もう全然信用できなーい。仲間作って「ムカつくよね」ってやるのなんでなの？　永遠にわからない。私にあなたの「嫌い」の価値観、押し付けてこないでくださいって言いたいわ。

疲れたのPR活動ばっかしてると人生がチープな作品化しちゃう。頑張って疲れたなら報告UPする前に蒸気でホットアイマスク

「私は頑張ってる」「本当に疲れた」みたいなことSNSにUPする人ってけっこういるじゃない？　載せたければ載せたっていいと思うんだけどね、「私は頑張ってっけどお前は？」っていう香りを出しまくってる人、あれちょっぴり苦手。せっかくの努力が一気に安っぽくなっちゃわない……？って。**だってあなたはあなたの人生を生きてるし、それってまじビューティフルで億カラット級。**自分の人生は自分のもの。誰かに褒められたいだけのものになっちゃって、誰かの反応だけを求めて頑張ってるんだったら、それはもう人生じゃなくて演劇活動よ。エンターテインメント活動に勤しんでらっしゃるのね、って思っちゃって、一生受け流しまくりからのムーディ勝山。「へぇ楽しそうだね」って。そう

いう人たちって露骨に自分のお話しかしないしねー。ほんと、疲れたなら長文UPしてないで、蒸気でホットアイマスクして寝なよー。睡眠って体力にバカ影響するって2017年くらいに学んだまぢだよ！

人と向き合うのは大事なこと。そうは言っても、疲れたPR活動の広報担当〜みたいな人の報告を全部が全部100で入れるとエネルギー消費しちゃってガス欠。だから「頭に入れとこ」って思うことだけセーブしとけばいいと思う。だってその人の話を真面目に受け止めてたら、自分の頑張りが足りてない気がして、つぶれちゃうかもしれないもん。**こうでなきゃいけないってExampleはないから、これ入れたら疲れんなって情報はスワイプしてどんどん消してこ。**極論、この人といるのはもう無理かなって思ったら、フェードアウトしたっていいんだよ。楽に生きやすい感じの取捨選択するのってちょー大事。人と人との絡みは予期せぬことばかり。だからコントロールできるとこは積極的に操って、セルフで疲労を減らしていくのがスマートなんじゃないかと思う。

クソみてぇな人間に傷つけられて人生足踏みしちゃう前に、自分に合ったセルフセラピー探してアゲてこ

本当にいじわるな人ってなぜかいるし、傷つけてくる人はデスノートに名前書いちゃうよ？ってテンションなんだけど、避けられないよね。私もアメリカで仲良かった友達から、金銭面でバーン！ってされたことがあって、めっちゃ傷ついたー。その友達とはちょーもめて、警察呼ばれそうになったかんね。泣いたー。

そのときは日本帰ろうかなとまで本気で思ったけど、よく考えたら**「なんであんなクソみたいな人間にボロボロにされなきゃいけねぇんだよ」って気持ちになって、「強くしてくれてありがとと」って切り替えて乗り切った。**あとそういう裏切ったことって、結局本人に返ってくると思うの。「悪い人にバチが当たってるの見たことない」っていう人もい

るけど、隠してるだけじゃない？　そういう人たちってだいたい自分のことデカく見せたがるから「羽、片方なくなりました。。」とか報告なんて絶対しない。きっと隠してる羽はボロボロよ。どんどんみんなが優しくしてくれなくなっていくんだから。

私は人からどんなひどいことされても、過去には戻れないわけだし進むしかないってシンプルな考えに落ち着きがち。バチ当てるのは神様に任せて、「次に似たような人に出会ったらこうしよう」って勉強できたから100%悪いことではなかったよねっていうポジティブの精神で落ち込むのやめちゃう。それは、思い込みでもいいの。「強くしてくれてありがとうございます、はい次」って受け止めて進めたら勝ちじゃない？　どんな方法でもいいから、気持ちの落ち着け方、休め方を見つけて、**いつだって自分が自分の味方でいてあげるの。**風邪薬はあるけど心の傷の薬はない。だから自分で「次行こ」って思うためのセルフセラピーを行ってください。セラピーの形は人それぞれ合うものが違いますので、自分に効果的な方法を探して、用法用量を守って正しくお使いください。はい次ー。

「絶対に誰にも言わないでね」って言葉、後ろに「#ちょっとでもいいと思ったらRT」ってタグ付いてると思って発したほうがいいわ。追加オーダーが止まらなくて話が盛り盛りで回っちゃっても、最初にそのツイートしたのは自分なんだからしょうがない。本当に知られたくないことは紙に書いて燃やしな！

人間関係の待ちの姿勢って宝くじ一等を夢見てるのと同じ。自分から電波立てないと死ぬまで圏外で終わるよ

特に学生って「この教室がすべて」って考えがちだから、周りの人になじめなーいと思うともう絶望のお祭りになっちゃうもんなんだけど、卒業したらどんどん違う人に会えるし環境も変わるから大丈夫。**別になじみたくないならそのままでいいんだからね。**私、男子がよくやってる、女子の容姿があーだこーだっていう、なんか勝手に上に立っちゃってる態度が嫌いで、そういう人たちには歩み寄りたくもなかったの。だから必要最小限にしか関わってなかった。もうなじめないならぼーっとするしかなくて、でも「時間すぎろー」って思うと100万年くらいに感じちゃうから、一生ケータイとか触ってた。そんな中でも、原宿とか自分が心地良い場所に行けば、なじめる相手は見つかってた。今いる場所に

居場所を探さなきゃいけないってことはないの。

そうじゃなくて、本当はこの場所になじみたいのに無理って人もいるよね。でもさ、誰かがなじめる環境を作ってくれるとか思ってたら一生圏外のままなんじゃないかなぁ。「自分が楽しくなるようにして！」って周りに思ってるのは自己中かも。自分から手を差し出さないと、誰かが勝手に手を差し伸べてくれることなんて宝くじが当たるより低い確率だと思う。別に自分を大きく変える必要なんかなくて、物を貸したりとか服にツッコまれて会話に入れた！とか小さいきっかけから、広げていく姿勢が大事じゃないかな。私はそう思って、アメリカではささいなきっかけから会話してみたりしてる！　だって、周りの人が「人と話さない感じの子なのかな？」って勝手に思って、あえて話しかけてきてない可能性もあるし。歩み寄ったら100％弾かれるわけじゃないと思うよ。**待ち続けてるうちに秒で人生終わっちゃう。**それでもいいなら全然OKだけど、状況を変えたいなら今すぐ自分から電波立ててかないと、ひとりぼっちで圏外のまま棺桶よ。

人見知り

「私人見知りなんです〜〜」とか
シェアハピしちゃう系のギャル、
アゲだよね。笑
だって宣言して周りに
気を使ってもらって
うまく絡んでるその感じ、
絶対人見知りじゃなくない？
上手くない？

こちとら人見知りに
見えないように
めちゃめちゃ消耗しちゃって
ガス欠だし「人見知り」の
Hすら言えたことないんだが。

いろんな人に会えば会うほど、
頭の中のプロファイルが増えて
サバイブの仕方ブックが
勝手にできてくの。
経験せよ。人に会え。
人間関係わんこそばしとけ！

事前情報はジャマなの。「あの人は怒りっぽいらしい」とか余計なフィルターがあると悩む要素が増えちゃうから。何も知らなければ「この人のこと知りたい！」っていう気持ちだけで動ける。ウチも、相手にこう思われてそうとか勝手に証拠集めしてセルフで事故でっち上げる思考回路がたまにあるから困ってたりする。消えろおおおお!!

ちな初対面から
ゴリゴリに自分インフォメーション
飛ばしてくる距離感ない人より、
人見知りの人のほうが
私は好き。笑

人間関係のコツは何度もチャンスを与えないこと。期待し続けてずるずる傷つく前にオペして切除だよ

人間関係ってね、期待するから、相手が応えてくれなかったときに損した気持ちになるんだよ。**優しくしても、許しても、相手から返してもらう約束なんてしてない。**自分で勝手に期待して、悲しくなってるだけ。「返ってくればラッキー」って思えてればダメージ削減だよね。だけど期待する、わかる。しちゃう。笑

ちゃんと話したのに相手がわかってくれないとき、ずるずる引きずられたときは「もういいや」って諦めることもある。チャンスをたくさん与えちゃダメなの。チャンスって言うと上からっぽくてなんか感じ悪いけど。変わってほしいと思ってても、相手が人生で何年も積み重ねてきた性格が、こっちの言葉ですぐ変わるわけないんだし。何回も許すと「こ

の人は結局許してくれる」ってナメられるかもしれないし、そんなやつに割いてる時間なんてなくないか？　そういう腫瘍みたいな人をずっと抱え続けててもモヤモヤするだけな気がする。切断するのもつらいと思うけど、手術は早めが大事ー。さっさと切除して医療ホチキスでとめてください。鈍い痛みが続くより、一瞬の痛みのほうがいいから。

って言ってると「冷た～い」とか「政治やってるみたいだね」とか言われちゃうんだけど、むしろ全然「この法案は却下」みたいなテンションでいいと思う。ＩＣＵ入る前に、オペしたほうがいいに決まってる。**人間関係も、カメラロールと同じで掃除が必要。変わってくれない人が陣取ってるせいで、大事な人が見つかりにくくなっちゃうなんて嫌じゃない？**　とんでもない悪性になる前にポリープは取っとこ。持病はいらない。ステイヘルシーよ。そうやって離ればなれになってしまった人でも時間を経てきっとどこかでまた出会えると信じてる。でもかなしい。

1回黒の絵の具を足したら一生黒になっちゃうのが人間関係。黒くて嫌な感情は飲み込む前に吐き出し合って一生好き安定

友達と何かあったときは、口論になりそうになっても、その場ではあんまり言い返さない。とりあえず1回その気持ちをひとりの時間に持ち帰るようにしてる。「なんて言い返せばいいかわからない」とかじゃなくて、冷静に「どうしてこうなっちゃったんだろう」を考えたいから。感情的になると見逃してしまうことが絶対あると思う。1回視点をクリアにして、ちゃんと考えたいんだ、わがままかもだけど。仲直りするためでも攻略するためでもない。**人間の感情がヒートアップすると周りの空気がにごるから、大切なものって絶対見えなくなる。**だから、そのにごった空気を抜きに帰るの。その場では「は？　何言ってんの？」って言い返したくなっても、よく考えてみたら過去の自分の行動が悪かっ

たっていうことに気付けたり、謝るべきだってわかったりするよ。で、それを後から伝えてるー。

だけど、友達との衝突を避けようとはしてない。言いたいことがあったら言うタイプ。そして、言ってほしいタイプ。ちゃんと言い合えてるからこそ、友達とはおたがい理解し合って許し合えてる。私も間違ってることあるし、ここが嫌だって顔を見て言ってほしい。**だって相手のこと嫌って気持ちを飲み込んだら、その嫌のしずくで体全部染まっちゃうから。**「この気持ち消したい」って何回も何回もいろんな絵の具を足してみるけど、1回黒を入れたら一生黒なんだよね。だから言っちゃう。相手にもそうなってほしくないから、言われたい。本当は嫌のしずくなんてないノードラマのみんなハッピーいつでも平行線♡な人間関係がいちばんいいけど、「あれ?」って気持ちは人付き合いにはつきものだから。永遠に好きでいるために私は言いたいこと言うし、私のこともコテンパンに言ってほしい。(面倒な人間かも。。笑)

気にしすぎると何もできなくなって超絶難しいから素直になるのが早い。「私のトピックでーす聞いて！」って幼少期みたいに自信持って言お

「私のこと承認して！」っていう欲求が透けまくってる投稿とか発言って萎えだよね〜。尊敬とかそういうものは買えないし、くださいって頼むものではなくていつのまにか得てるはずのものなのに、自分から求めちゃってるのはなんか違うっていうか。自慢も、「うらやましい」って言わせたそうな発言も全部そう。「バッグ買ってもらった〜♡」みたいな人を見ると興ざめで「うらやましいって言うとでも思いましたか〜？」って。自分が思うほど、他人はあなたに興味持ってないわよって。

でも、どう思われるかを気にしすぎてると何も言えなくなっちゃうのも事実。子どものころは、何が間違いとかまったく知らなくて、変なフィルターがなかったから、何でも素直にマシンガンで話せてた。でも

今はこれが間違いですフィルターが何層にもなって、身動き取れなくなっちゃってる状態。本当に知識が焼け野原だった時代に戻りたーい！　あのときどういう感じでしゃべってたのかとか、全然覚えてない！　戻りたい！　気にしいの人が多い世の中、マウンティングだとかすぐ言われちゃう世の中、どう取られるか考えすぎたら何もできないんだよね。わかる。でもさー、思ったんだけど、本当にヤバい態度を取ったら友達が注意してくれるくない？　私、注意されることよくあるもん。だから、周りの友達を信用して、話したいことは素直に「私のトピックでーす！」「聞いてくださーい！」ってストレートに言っちゃうのがいちばんな気がしてるー。あ、うらやましがられたいとか、尊敬されたいとか、自分を大きく見せたがる気持ちはナシね。**「聞いて聞いて」って子どもみたいに素直に、そして「妬むなら妬めば？」っていうくらいの開き直り**で、話したいことは話してっちゃうのがいいかも。人間関係のバランスって何千回も言うけど難しいね、、これ書いてて思う。笑

友達や居場所なんて探さなくてもいいんじゃね？自分を苦しめてるのは状況じゃなく「友達絶対必要」って思っちゃう脳なのかも

私、小学生のころいじめられてたし、居場所なんてどこにもなかったのね。だけど、いつのまにか自然と自分がきれいに収まれる場所に収まった。解決方法なんて、探っても探っても冷静にわかんなかったし、偶然にまかせてここまできたの。人によっては居場所や友達を「探しなさい」とか「見つけるべきだ」って言うけど、私はそれで苦しくなったタイプ。居場所を絶対に見つけなきゃって脳みそになってると、我慢してでも今いる場所に収まろうとしちゃうでしょ？　でも、無理して頑張って永遠につらくなる場所って、それは居場所とは違うのかなって思う。**自分を殺して見つけた居場所って、最終的に自分を苦しめる。**ここじゃないってことを認めてダメージを削減するのも一つの方法。エコなやりかただよ。あなたが今なじまなきゃいけないって思ってる場所が世界のすべてではないわけだし、そのつらい環境で死ぬまで過ごさなきゃいけないことなんかない。私はそれを、高校のころ、原宿という街に出会って学びました。

じゃあ自分を苦しめない居場所って具体的にどういうとこー？って思うよね。私なりの回答を教えます。それは「自分を大きく見せずにいられる」場所。私は友達の前では見栄を張る必要がないし、だらーんとしすぎてる姿を見せてしまうときもある気がする。そういう居場所があると、他の世界で「大したことないね」とかってディスられても、「ああ、ここではそう言われちゃうのね。でも私には居心地のいい他の世界があるから大丈夫でーす！」って思える。その場所の見つけ方はね、正直言ってわからないの……自然とできてた。似たような悩みとか家庭環境とかを持っていることで近づいた人も多いかな。**でもね、居場所を探すのって富士急の絶望要塞ばりの迷路。だから、なかなか見つからないのが普通なの。**いつ見つかるかは人それぞれだから、焦る必要なんかない。

友達と親友

気が合うとか落ち着くとか、
そういうシンプルなことを
人間関係ダークホールの中で
見つけ出すって難しい。

友達が少ないとか、
連絡が取れないとかで
孤独を感じがちよね。
それはあなただけじゃなくて、
私にも孤独があるし、
楽しそうに見える友達にも
孤独がある。

ウチら一生孤独サークルだと思う。

親友とか友達とかの定義って、
誰かがくれた回答がテトリスみたいに
ハマることはないの。
カスタムして自分の腑に落ちる答えを
作っていこ。

何月何日に恋人ができたとか、そういうことを全部全部シェアしなくても仲がいいのが親友じゃない？　私、「え、彼氏いたの？　知らないし」って状況よくある。でもこういう関係のほうが見えない何かを感じるときもある。。たとえ会う回数や、最近のキャッチアップが減ってもウチらはみんな同じ空のした！

ちな、みんな私と友達になりたいって
言ってくれてうれしいけど、
たぶん実際なったらシフト制で
いいなって思うくらい、
うるさくてウザいと思う。

こいつにエネルギー使いたくねぇってときはサービスのYESでやり過ごす。「はいa.k.a.帰りたい」では自分の軸は傷つかない

中高生のとき、先生からわけわかんないことで怒られたりしてたー。今でも似たような状況あったりする。みんなもそうだと思うけど、本気でぶつかりたくもない意見ってあるじゃない？　理不尽牧場みたいな「まじありえなくなーい？」みたいな話がを延々されてるときに、うっかり素直に「NO」って言っちゃったら話が長引きそうでつらみ〜みたいな。この場が終わったら、もうこの人と関わることもないのにみたいな。それなら全然もう「はいはい」って受け入れたふりして流しちゃってサバイブするのもいいと思う。**ひとつひとつのことにエネルギー100とか、いちいち使ってたら死ぬ。**そのエネルギーは、自分のやりたい方向に駒を進めることに使ったほうがいいんだよ。生き方として

ずるいのかもしれないけど、じゃないと息絶える〜。自分の意見と違ってモヤモヤするんだったら、自分語で「帰りたい」っていう意味で「はい」って言ってると思おう！笑　私もこの「はい a.k.a.帰りたい」すっごく使ってるから。「はい」「はい」「はい」って刻みながらそのリズムで「帰ろ」「おつかれ」「帰ってググるからアドバイスいらないよ」って頭ん中で思ってればいいの。

こんな感じになんでもかんでもパスしちゃうクセがあって、それが私の悪いとこかなとも思ってるんだけど、自分を守るためだからしょうがないときもある。相手に好きなこと言わせてあげるという、こちとらサービスの「はい」です。笑　**サービス精神提供しただけで、心も夢も軸も傷つきませんし、自分を曲げたことにもなりません。**めんどくさいことから自分を守るための「はい」を使って、むしろ傷を少なくしてる状況でしょ。エコだよね♡　自分の思っていることを言いたいときには全部のエネルギー使ってぶつからなくちゃいけないんだから、そのとき用にエネルギーは取っておかなきゃね。

小さい頃より泣かなくなったけど、今は涙の一滴が大ダメージ与えてくるから簡単には泣けない。

一生
#出口の見えないカンバセーション だわ

第3章

恋なんて、、

人を愛することには変わりないから男性とも女性とも恋に落ちたことがある。「やっぱそうなんだw」とか言うやつはバイバーイ

初めてお話しするんだけど、私の恋愛対象は男の人。昔は彼女がいたこともあって、そもそも好きな人の性別を考えたことがあんまりなかった。**だって、人を愛することには変わりないから。**ちな、今ウチはゲイ。ググったら同性愛者って出てきた！　女性になりたいと思ったことは、ちな、ない。男性でいることを24h365日でエンジョイしてます！

公表してなかったのにはわけがあって、わけというか「どっちもいけたら面白いのに」「そこ使って仕事しよう」とかっていろんな人から言われて嫌だったから。絶対言わねー!!とそのとき強く思った。私はセクシャリティをお金に換える気はなかったし、人に面白がられる意味もわからなかったし、自分の中にだけあればいいものだと思ってた。それで

お仕事がなくなるならどうぞなくなってくださいって。もちろんみんなの前に立って堂々と主張するのも、それを個性にして活躍するのも、素晴らしいことだと思う。でも私は違ったの。あと、そういうのを大々的に報告しなくてはいけない時代ではもうないとも思ってた。

ずっと「言う必要ないべ」って思ってたけど、知ってもらってもいいと思ったきっかけがあって、それはあるとき女の人から**「女性と付き合ってて悩んでる」って相談のメッセージをもらったこと。私なんかウソついてない？って気持ちになった。**この人の悩みに正直に答えられてるのかなって。ほかの人からの相談を受けたときも「自分がいちばん逃げてるのかもな」って思いが浮かんできた。だから、この話をすることによって、誰かに「こういう考え方もあるんだ」って思ってもらえたらそれは素敵なことなのかもなって。これをお知らせしちゃったら、「やっぱそうなんだw」「だからそういう喋り方ねw」みたいに自分の知ってる枠にはめて笑ってくる人もいると思うけど。そういう人はバイバーイって感じ。時代の流れに取り残されないでね注意報発令♡

普通に恋してるだけだし
みんなと一緒だと思ってる。
特別扱いしてほしいとか
言いたいわけじゃない

セクシャリティについて、私そんなに大ごとだと思ってないのね。去年、祖父母にも日本帰ったときにお話しした。まぁ祖父母は「誰にも言わないで!」って思ってるっぽいけど、価値観を押し付け合いたくないからまぁいっかって。どう捉えるかも相手の自由だし。大切な家族には、認めてほしいとかじゃなくてただ知っていてほしかっただけなんだ。そういう属性を嫌だって言われても、それは私のチョイスじゃないし、変えられないし。ちな、ウチら世代って意外と気にしてない子が多いのかも。私が友達とかに伝えたときは「へーそうなんだ」っていうかむしろ「それわざわざ言わなくてもよくね?」くらいのテンションで、「それなー」って感じだった。**私は特別扱いしてほしいわけじゃなくって、**

むしろみんなと一緒だよって伝えたい。どうしていちいちトピックになっちゃうの？　私は普通に恋愛してるだけなのに。。って。

とか言ってるけど、DMで悩みを相談してくれる子たちは、生きづらさを抱えてるんだと思う。私は「キモ」とか言われても「別に何？」って思えるけど、みんながみんなそんなふうに割り切れないのもわかる。でも、大事な人には知っていてほしいよね。ひとつお伝えしたいんだけど、意外と変な反応は返ってこなかったりするよ。思ってる以上に重視されてなかった！みたいな。少なくとも私はそうだったの。センシティブな問題だから、「すぐカミングアウトしよう」って話では全然ないんだけど、バレたら終わるって思い詰めすぎないでほしい。

とにかく、私自身は普通だと思ってる。アメリカで、ベビーカーを押している男性二人組がナチュラルに溶け込んでるような場所で暮らして、もっとそう思えたの。ひとりだなんて絶対に思わないでほしい。あなたは変ではないし、変って笑われたらお前は普通でつまらないねって言ってやるくらいでいたら大丈夫。愛は一生愛でラブみ♡

最初に恋愛は男女って決めたのアダムとイブって人だっけ？とりまよくわからないからまぁいっかー

セクシャルマイノリティの方々が生きづらいなって思っちゃうのは、知らない世界に対して偏見の目を持つ人が多いからじゃないのかなーって思うよ。私、「オネエ」って言われるのは嫌だったけど、それはその言葉自体が嫌なんじゃなくて、いろんな人がいるのに、言った側の知識不足によって自動で一緒くたにカテゴライズされちゃってるのが嫌だったの。だから、「オネエなんですか？」って聞かれたら、「オネエってなんですか？」って聞き返してた。

だから知ること、相手を理解して受け入れるのってとても大切なことだと思う。ＬＧＢＴＱのこと、よくわかんないままなんとなく偏見がある人は、まず知ってほしいと思う。特別扱いしてよ！って話じゃないし、受け入れるとか受け入れられないとかはそのあとの話だよ。まぁカミングアウトについての考え方も人それぞれだと思うんだけど、私はそんな感じです。

日本を飛び出していろんな世界の人と出会って、オープンな人が多いことがとても勉強になった。アメリカの友達とお話ししてると「日本って街とかはすごいのに社会的な部分は進んでないんだね」とかって辛口な意見をいただくこともある。人権的な部分の後進にびっくり、みたいな。全員が全員そういう偏見があるってわけじゃないし、時代は少しずつ変わってるとは思う。さっきも言ったけど、自分らしく生きられる環境になりつつあると私は感じてる。相手を受け入れる、温かい心を持つ人であふれる時代が近いといいなぁ。そもそも「男女の恋愛が普通」とか言い出したのって、アダムとイブって人だっけ？　違う？　なんにしろ、すごい前だよ！　理解を深めてどんな人にも温かく接したほうがきっとみんな幸せだと思うなぁ。知らないことを知るとか、わからないものを受け入れていくことって、思いやりであり強さでもあると思う。

好きな人の性別とか
どっちでもよくない？
男女の恋愛が当たり前
だとか言ってる人は

もう少しホカホカに
なったほうが、
世界みんなで
ピースピースだと思う。

世の中みんな恋愛戦闘態勢に入りすぎ。勝手に勝ち負けゲームに乗せて勝手に敗北扱いするんじゃないよ

ほんとさぁ、何回も言ってるし何度だって言うんだけど、恋人がいるほうがえらいむしろ絶対必須みたいなの、そろそろ終了を願っている。おかげで「やだ彼氏いないし好きな人すらいないし私って負け組？」みたいなこと思っちゃう乙女続出〜って感じになっちゃってて、腑に落ちない！　人それぞれの「好き」の形がたまたまふたりで一緒になって、付き合う〜とか結婚〜ってなるわけじゃん。「誰でもいいから恋人欲しい！」みたいなノリは冷静にちがくない？　本音を言うと私はね、友達にもわざわざシェアしないような何気ないこともブチ放り投げられるような存在を永遠に求めてる。。たとえば「今日晴れだね♪」みたいなことを。。でもそんな家族みたいになれる人なんて地球上に3人くらいし

かいないよね、きっと。あとなんかさ、広告とかで「非リアの皆さん」みたいなメッセージとかあるけど、**なんで恋してないウチらが負けみたいなノリで世間にさらされてんの？って感じだし、恋愛って愛を深め合うものだし勝ち負けじゃねーかんな？**って思う！

恋愛に興味がないっていう人もいるけど、そんなの100％大丈夫だよ。もう2019年でございますって感じ。すべてのことに関してそうだけど、自分の価値観を人に押し付けるっていうのはナンセンス。そんなどっかの大昔時代みたいなこともうやめて！　恋人がいなくても結婚してなくても、自分の趣味とかやりたいことに100％の力を注いで幸せになってる人なんていくらでもいると思う。「最終ゴールは結婚」みたいになってるのも、私あんまり納得できてないし。幸せの形なんて人それぞれなのに「恋愛してないのー？　なんでー？」とかって**勝手にゲームに参加させられて、勝手に敗北させられるのは本当にムカつくし、普通に対戦したら勝てるのになめんなよ**って感じです。私はそんなこと気にしませんけどワッサー!!って自分で幸せになって、一生相手にしなくていいと思うー。

恋って一生のルーティンの中でたまたまタイミングがあってイェイェイってなるものであって絶対必須のアイテムじゃない。非リア充が下とか恋愛してる人が勝ちとかいつの間にゲームになっちゃったの？　運命っていうものが来るのを待ち構えて「好き」の気持ちの形が一緒になる相手が出てくるまでスマホでも見てな。

好きな人が欲しいなら狩りの態勢を崩しちゃダメ。一緒に墓にブチ入りたいくらい愛を深められる相手だけを探して

でもとりあえず、本当に心の底から「好き」って思える相手を探し求めたいって人もいるよねー。わかる。私も恋愛なんてできることならほんとにしたーい。ペアルックだって棺桶入るまではやりたいし、プレゼントとかも考えたいし、誰かの所有物になってみたい。縛られてみたーい。それってキッザニア東京じゃ体験できない？

ひとつ言えるのは好きな人が欲しいなら、狩りに出続けなきゃダメってこと。**「恋愛なんてタイミングだから」って待ち続けてたら、ガラスの靴は落とせないかんね？** 私一度調べたことがあるんだけど、やっぱ出会いを探し求めてるとホルモンが分泌されるんだって。そのホルモンが出れば出まくるほど魅力が増すんだって。つまり、狩りに出る足を止

めた瞬間、あなたのホルモンも止まるの。だからとにかく出かけるしかないっぽい。出会いの場に足を運んで、違う世界に飛び込んでいって、違う人たちと違う経験をするのが大事なんだよね。ってゆうてますけど、私全然できてませーん。ペンを拾ってもらって「好きかも……」とか思っちゃうような幼稚園？　成長大丈夫？みたいなレベルの経験を繰り返しております。おほほほほ。

好きな人が欲しいのにできないっていう人にも、いろいろなタイプがいると思うんだよね。まず、理想が高い人。とりま、完全に理想の人なんていないと思うよ。どこかしら悪いところがあっても、ちょっと大人になって受け止める優しさがないとダメなんじゃないかな。もちろんこれはおたがいにね。そして、「好きって何？」「これは友情？　恋？」って混乱してわかんなくなっちゃってる人。好きかどうかわからない的な悩みを持つ人へ私からのアドバイスはこちら。**「その人と墓、入りたいですか？」**。**これ、恋に迷ったときの必須Ｑｕｅｓｔｉｏｎにして。**入りたい～一緒に散骨されたい～♡ってなったら、それは本気の恋だよ！

好きな人の探し方

顔を重視する人は、
ヘアカタとか見てさー
その中で好みの
タイプの人探して、
御本人にＤＭ送っちゃえばいいよ。
全然アリだと思いつつあるよ。

私の場合は、
友達や家族とは違う形で、
私の足りない部分を
補ってくれる人を探してる。

好みのタイプがわかんないなら、
とりま「恋空」とか「テラハ」で確認しよ。
どこに体験したい
ポイントがあるかわかれば、
どんな人が好きかわかるんじゃない？

ヤバい男ばっかり
好きになるからヤバい！って
話も聞くけど
別によくなーい？
ダメ男のお世話するのが
幸せでそれを選んでるなら、
立派に幸せな恋愛。
一般的に不幸とか幸せとか、
そういうので決めるのは
やめよーっと。

好きな人からのＬＩＮＥとか秒で返すに決まってんじゃん！35億もライバルがいるんだから誰に取られるかわかんない

このあいだ、墓に入りたいとまでは行かないけど、墓地見学くらいは一緒にしたいなって相手がいて、その人が私の友達といい感じになってしまったの。でも私はそれ、仕方ないかってテンションだったのね。だって恋って制御できないし、呪いとかもかけられない。好きになられたからって、そっちにコロッていけるものじゃない。**どっちにいくかわからないからこそ、人の気持ちだし、それが恋だよね。**だって自分も、誰かに好かれてたとしても、他の人を気になってしまったらその気持ちを止めることなんてできないから。私が一緒に墓入りたい！って思っても、相手にも入りたがってもらえないとダメなわけ。一人で散骨されるのなんてやだ！って感じではあるけど、まぁ仕方ないよね。

私は、好きになってもらいたいからって、自分を変えようとはしない。それは違うのかなって思っちゃう。駆け引きとかも知らないわ。最後に恋人いたのが高2とかで、8年くらいお付き合いっていうものをしてない。そのせいで恋愛経験が焼け野原って感じだから、怖いものがないの。だから自分からご飯に誘ったりとか全然できる。全然怖くない。だってブルゾンちえみさんいわく、35億もライバルがいるんだよ。誰かに取られちゃう前に、素直に誘ったりしたほうがよくない？　いつでも次のチャンスがあるなんて思ってたらダメなんだろうなって思うよ。

素直になれないのは自分のせい。**駆け引きして恋をゲームとしてプレイしちゃったせいでうまくいかなかったとかザラだかんね。**だから私は好きな気持ちを秒でバラしちゃう。ＬＩＮＥも秒で返しちゃって、その様子を見た友達から「ほんとキモいよ」「露骨すぎてビビる」とか言われるけど、「そー？」って言いながら送信ボタン押してる。「ずっと待ってたって思われちゃうじゃん！」って、いや、私、ずっと待ってたし。だからすぐ送るかな。

想いを伝えただけで
一歩進んだ戦士だよ。
告白待ってる時間なさすぎるから
男からも女からも言っちゃえ

いい商品は秒で完売しちゃう！　**次のバイヤーに取られないように、LINE返信は秒でするし、しないで迷ってる間にソールドアウトしても文句は言えない。**って思考回路だから私はすぐストレートに好きって伝えてしまうの。百発百中で通るわけじゃないから告白には勇気が必要なんだけど、でも告白が唯一答えを知る方法だから。答え合わせを急げ〜？って。勇気が出ないなら、テラハ見て例文を学んで突き進んじゃおうGO！　テラハあんまり見たことないけど。。笑　だいたい傷つく覚悟をしてまで人のこと好きってマジヤバくね〜？　かっけくね〜？　言おうか言わないでおこうかどうしようっていう気持ちを乗り越えているからこそ、告白には意味があるんだし。とか言ってもみんな告白はなかなかできないもので、だからその迷いを「好き」でぶっ飛ばして想いを伝えた人は一歩進んだ戦士なの。誇りなー。

「告白は男からするものだ」みたいな風潮が安土桃山くらいからあるじゃん？　侍魂が現代まで受け継がれちゃってるのかな〜。ちな私はその文化に全然なじめない。女の子が「告白されない、なんで？」って言ってるのよく聞くけど、わかんない。「何回も遊んでるのに告白してこないのは、私のこと好きじゃないからかな」みたいな勝手な思い込みも生まれてるし。相手が友達気分なのか恋人気分なのかなんて、考えてもわからないよね。**相手も「何回か遊んだら好きになって告白する」なんて同じルールのもとに恋愛してるわけじゃないはず。**それなのに「告白されるまで待つ」ってちょっと物事がややこしくなりすぎなんですけど？　女だろうが男だろうが、ただ待ってるのって、冷静に時間もったいなくね？　変なの。不思議だぁあああ。個人的には、言いたいほうが言えばいいし「言えない男は意気地なし」みたいな話でもないんじゃないかなと思ってるけど。「どっちから告白した」なんて私の周りでは話題に上ることもない。「告白された私」みたいなブランドが欲しいのかな。そんなの私なら秒で転売するわ〜。

失恋したなら遊べ次行け、Tinderスワイプしまくりな。そいつは人生の審査委員長じゃないんだから否定なんてされてない

二日酔いの日に迎え酒する感じで、迎え恋。失恋は、新しい恋で上書きするしかないんじゃないかな〜。なんかよく、「失恋には時間」って言われてるけど、私は違うと思うの。だって「あの人のこと好きだったな」って振り返りすぎてとらわれちゃって、取り残されたまま時代が進むこともあるし。失恋はもうね、**違う男とか女とかを用意して、そいつに染まって忘れろ！って話。**言葉の強さが文法ポルノだったら謝罪。でもそうなのかなって思う。うまく切り替えられないままでいいから、とりま恋が終わったなら遊びに出かけてください。フリーだし遊びまくれるイェーイってね。あと、「もう私、一生好きな人なんてできない気がするほんと終わった〜」とか言う人に限ってすぐ次の恋しがち。

振られるって、全否定されてるみたいで傷つくよね、わかるの。後悔させてやるって強く決意するか、ストーカーして接見禁止出されて法で縛ってもらうしか離れる方法ない。でも、「こんなに頑張ったのになんで好きになってくれないの？」とか言うのは違うと思うの。相手からのアンサーもリスペクトすべきだし、振るって行動自体は別にひどくもなんともないし。まぁ、もしひどい振られ方をしたとしたら、もっと素敵になって相手に思い知らせてやるべきだけど。私は平成のゴマキだぞって。え、もう令和になるの？

そもそも**その人はあなたの人生の審査委員長じゃないから、振られたからって人格が否定されたわけじゃないの。**かわいさだって性格だって否定されてない。ただ、「今お付き合いはできない」ってだけ。好きすぎて「その人が全世界！」っていうテンションになっちゃってるから、審査委員長に見えてるかもしれないけど。世界をもともとの広さで、パノラマでちゃんと見られれば「あ、大丈夫かも自分」って思えるから。冷静に視野を戻していいこゴウゴウゴウゴウひろみ。

もし浮気されたら死んでくださいってバイバイ。でも許しちゃうのは弱いってことじゃないよ

浮気は基本ダメだし私はされたら悲しいー‼って思うけど、本人同士が認めてるならアリなのかな。アメリカでは「オープン・リレーションシップ」っていう、同性愛の人に特に多いんだけど、恋人がいても、他の人と性行為してオッケーみたいな考え方があるんだよね。おたがいが納得してればいいと思う。でも、そうじゃなくて相手に隠してやってる人いるんだよね？　前に動画でみんなから懺悔エピソードを募集したら浮気の話がすっごくきたの。ほんとちょーびっくりするー。『昼顔』だけの話かと思ってたんですけどー‼　意外と身近ですげぇなって。みんなやることやりすぎじゃない？　スリルを味わっていらっしゃるの？　自分はしたくないし、しないけど、どういう気持ちなんだろう。

よく浮気された子が、思い出とか情があるから別れるか迷う、みたいに言ってるのを聞くけど、それは友達同様、早々のオペが必要だと思う。だって絶対に持病状態になっちゃうでしょ？　付き合い続けても、たぶんいいことはないよね。私なら、そのまま許して付き合い続ける選択肢は絶対ない！　ナメられたくないからさよならバイバイ死んでくださーい♡ってお別れ。私のこと軽く扱ってるのを一生許せる気がしなーい。でもそこで別れられない子のことを、弱いとか思わないよ。今までずっと楽しかったから、許せないけど一緒にいたいって思う気持ち、ほんとわかる。私も裏切ってくる友達に対して昔そうだった。**だから「浮気されたのに許しちゃって、私弱いな」ってことじゃない。「許したい」は誰もが思うことだよ。**この問題冷静に難しいわ。出口の見えないカンバセーションって感じね……。あと忘れないでこんなズラズラ恋愛について語ってるけど私の恋愛経験値は野原です。何言ってんだこいつって感じだよね。笑笑

キープ作って、何人か
天秤にかけて次から次に
渡り歩くやつは、消す。

自分が何も失わない状態で
ずるく恋するって、
みじめで残念。

体の関係は需要と供給がマッチしてたらアリ。でも出会ってすぐ実技試験したら恋愛ジャンルの試験には落ちるよ

セフレっていう概念は全然アリだと思うわ。パートナーがいなければ。ベッドの上の実技試験って大事じゃない？　男女ともに体のスキンシップって必要だと思うの。**恋愛とは関係なく、スキンシップする相手がいてもいいんじゃねと思ってるのが私、ｋｅｍｉｏです。**ふたりの中で成立してる関係ならオッケーでしょ。両者「お酒飲んでムラムラポイントが爆発してしまいました」的な状況だったらお互い様なんじゃねって。生きてく上でそういうアクティビティも必要だよねってくらいの感じで思っています。「そんなのチャラい」とか言う人もいるけど、ニーズは人それぞれだしね。「学校や仕事で忙しいからパートナーはいらないけど、実技試験は必要」ってことはあると思うし、需要と供給が合っ

てたらアリじゃない？　私は恋愛と体のアクティビティを「それはそれ、これはこれ」にできるし、うっかり関係を持っても気まずさを感じないタイプだからってのもあるかも。そうじゃない人は受け入れられない考えかもしれないけど。

でも実際「勢いでやっちゃった」も「そういうの傷つくんです」も、どっちもわかるの。どっちかに気持ちが入ると崩れる関係なんだよね。そしてなぜか片方だけに気持ちが入ることが多いのが不思議ね。。確実にひとつお伝えできるのは、「出会って1回目で実技試験しちゃった人とは恋愛ジャンルでの実験失敗」ってこと。この人のことをもっと知りたい、本気で付き合いたいって思うなら、最初のデートでスキンシップは一切取るな、ムラムラするのはわかるが抑えろ！　**性欲は一度社に持ち帰って、後日改めてプレゼンすること。**それができないと、恋人ってカテゴリに入るのは難しいんじゃないかな。いきなり一線を飛び越えて丸裸を見せ合うとかしちゃったら、消えてしまうリスペクトもあると思う。みーんなムラムラ24h ３６５日。

結論として、人間、
全員ムラムラしてる。
でもそれは本能だから
悪いことじゃないの。

性欲を隠すのも、
オープンにするのも
自由だと思う。
男でも、女でも。

初心を忘れたからこそ生まれる思いやりが長続きには必要。完全平等のカップル希望だけどレアすぎて世界遺産人間かも

付き合ってる相手と長続きさせる方法って、「長続きさせよう！」とかって思いすぎないことなんじゃない？　最初から「私たち5年を目指そうね！」なんて決めるのはなんだかおかしいし、フィーリング合いすぎて気付けば結果3年じゃんって展開がいちばんよくない？　初めてのデートのレシートとか取ってあるとよさそうではあるけど。「ウチら678円から始まったんだね」とか話せたら、ずっとラブラブ最強の状況でいられそうじゃね〜。

でも、**初心にこだわりすぎるのもちがくない？って思う。だって、初心を忘れたからこそ得られるリスペクトや感謝もあるはずだから。**月日が経たないと生まれない、違う方面からの思いやりとか絶対あると思

う。私、何でもそうなんだけど、初心とか全然忘れたしってなる。でもそれは感謝を忘れたことにならないからイコールにした文学者出てきなさいよって思っちゃうよね。恋人でも友達でもそうだけど、一緒に過ごしていろいろ経験する中で、おたがいへの気持ちも、その伝え方も年々変わってくるはず。私はそうやってわかり合えたからこそ生まれた、新しい思いやりもリスペクトも大切にしたい。「初心忘れても感謝忘れない」って言葉、広辞苑に追加希望。

私が大事かなって思うのは、おたがいが常に気持ちを伝え合って、平等な関係でいること。**どっちかの意見が強くなりすぎると、偏ってバランス崩れてネジ取れて終わり〜！みたいな。**そうなってから「お願いもう1回だけ」って言ってももう遅いのかもしれない。完全に見えるんですけどその未来。とはいえ、そんなにうまくいかないのもわかる。ちゃんとバランス取れてて、平等に意見してレスポンスしてなんて理想で、上手くできてるカップルは3組に0・5組くらいだよね。世界遺産の人間版として保護するべきくらいレアだと思うわ。

銀行口座をさらしていい唯一の人、それが結婚相手。結婚できなくても、そのときのkemioがどうにかするでしょ

結婚は別にしなくていいじゃんそんなのゴールじゃないよ派だけど、墓場にふたりで窮屈に入りたい気持ちはある。パートナーは欲しいの。結婚してみたーい♡　ブーケも投げたいしご祝儀もバカ回収したい♡だって、誰にも見せない銀行口座を唯一さらしていい人、それが結婚相手な気がする。籍を入れて逃さない状態にして初めて見せられるもの。この発言こわいね、笑う。でもそう思うの。結婚ってヤバみじゃな〜い？　**とはいえできなかったらダメとかそういうふうには考えてない。そりゃさみしいなって思うかもしれないけど、結婚するとかしないとかで騒ぐ時代でもないんじゃないかな。**私自身には、永遠の愛を絶対に見つけ出すっていう、ディズニー・チャンネル的な思考はないかもしれな

い。そのときそのときで一緒にいたいっていう相手といられたら、それが永遠とかじゃなかったとしても、素敵なことなのかなと思う。「永遠の愛」って響きは素晴らしいけど、それだけが本物だとも思わないというか、まぁあんまり期待してないかなぁ。

同い年くらいでお子さんとかいらっしゃる人を見るとすごいなと本当に思う。だって私は自分を育てるのに精一杯で子を育てられないもん。結婚しないままずっとひとりでいたらいつか遊ぶ友達がいなくなるのかなさみしいのかな的なありきたりな考えもあるんだけど、今のところ年齢で「何歳までに」とか考えてはないんだよね。とりあえずここ5年以内はないいんじゃないかなーとは思ってるけど。細かいプラン考えてたり、「○歳までに結婚しないとヤバい」みたいな考え方してると墓でもねぇのに窮屈すぎなーい？　プランって絶対倒れるもんだし、博打みたいな生き方でオッケー♡　**最終的に誰とも結婚しなくって「まじさみしい一人散骨～」みたいな状況になるかもしれないけど、「結婚できないかも」なんて不安に思うことはない。**それはそのときのｋｅｍｉｏが考えるから任せとこって感じで、とりあえず私は今のｋｅｍｉｏを何とかしていくのに忙しいっぽい。

「男女の友情」とか別カテゴリにしてること自体がナンセンス。ホモ・サピエンスとして人間関係つくってよ

女の子との2ショットをUPすると、すぐ「付き合ってるんですか?」って聞かれるんだけど、そんなのいちいち答えてたらノド渇いちゃう。男女の友情がないとか言う人は少女漫画の読みすぎ! ちょっと本棚整理して! 私は好きなものが女の子と共通してたから、普通に昔から仲良しだよ。そういう人たちって**男性を男性、女性を女性としてしか見てないみたいだけど、ホモ・サピエンスとして仲良くなるって考えはないわけ?って思っちゃう。**男女で仲良いグループとか全然あるし、恋愛感情ゼロだけどすっごく大好きみたいな異性も当たり前にいる。そもそも「男女の」友情とか、別カテゴリにしてること自体に私は納得いってません! 私、親しい女友達とお風呂入ってもなんとも思わない人間

だから。さすがにそれは異常かもって思うけど、極論そういうことなんじゃないかな。違うかな。笑　でもそれは私がゲイだから？　うーん。

ホモ・サピエンスの友情を育んでるだけなのに、周りから「男好き」とか「女好き」とか言われちゃう状況もあるよね。ほんとそいつらの視野狭すぎて死ぬ死ぬ死ぬ！　そんなやつら「ほんと育ち悪いねあんたたち」以上って感じなんですけどー！　言いすぎた許して謝罪。でもね、**自分が好きなことを共有できる人を見つけることが友達作りであって、男女がどうとか関係ないと思ってる。**

同性愛の人との友情も一緒。たまに、「同性愛の人に自分のこと好きになられたら困る」とかわけわかんないこと言う人いるけど、「いや同性愛の人だって同性全員のことが好きなわけじゃないから！」って。「じゃああんたは異性のこと自動で全員好きになっちゃうわけ？」って言いたい。自分にその気がない人から好かれたら困惑しちゃうのは男、女とか関係ないはず。ほんとみんな、性別を意識しすぎで困っちゃうわ。

恋愛は出口の見えないカン
バセーション。結局みんな
さみしくて、みんな誰かを
探してる。見つける方法の
正解なんてどこにもなくて
ウチら「捜索願」って一生

ハッシュタグ。ただきっとおたがいが「選ぶ側」だと思ってぶつかりあっちゃってるのはわかるから、私が平和にくじ引きさせてもらっていいですか？

知恵とか勇気とかなんでもいいから、

自分でカスタムした武器で世界を壊してこ

第4章

ウチら棺桶まで永遠のランウェイ

見た目のコンプは ラッキーアイデンティティ。 見た目以外の武器もみがいて 思考回路の迷路複雑にしよ

いいな、あの子はかわいくて〜私ってブスじゃん〜とか思ったことはもちろんある。整形したいとすら思ってたけど、やーだーメス入れるの怖い〜って感じだったから、もう受け入れちゃおう武器にしようって考えを変えたの。**コンプレックスなんか1000個以上あるけど、どうにかするより体も中身も好きになったほうが秒じゃね省エネじゃね？**って。髪の毛がくるくるだし、目の下はずっと黒いし、太りやすいしって感じで気に入らないとこ永遠にあるけど、とりま自分の見た目のコンプはアイデンティティ、ラッキーユニークって思うようになったー。もはや「この顔がきれい」って基準自体がクソつまんなくね？って思いつつあるよ。高校生のころにね、急にめんどくさくなっちゃったの。この姿

で産み落とされちゃったのは変えられないんだから、この悩んでる時間クソじゃねって。みんなのクールに合わせる必要あるかな？　ダサいって言われても私が幸せだったらどうでもよくねー？って。自分でいいと思うものをチョイスして、それでも私を大事にしてくれる人と一緒にいればよくねーって。嫌なとこ受け入れるのってすごく大変なことだけど、ちょっとしたきっかけから変われるよ。私は自分で細くなったなって思えたときとかが、「自分、いい感じかも！」って思えるチャンスだった。ほんのちょっとの変化から、自信つかんでいこう！

しかも武器になるものって目に見えるものだけじゃないと思うの。私はアメリカに引っ越して英語の知恵をつけたり、新しい人と会話したりとかそういう武器を身に付けた。**たとえば部活とか、偏差値とかも見た目と同等に戦える武器だかんね。**戦ってるフィールドは人それぞれなんだし、見た目の良し悪しじゃないところも強化して、思考回路の迷路をいい意味でしわしわにして勝負してこ。それでどうしても見た目が気になるなら整形しちゃおう。二重にするの、場合によっては保険使えるらしいし。自分が幸せになれるんだもん！

親が厳しいとか嫌いとかなら家を出ろ以外の回答はない。親ってキングとクイーンばりにすげぇって気付ける距離にいこ

私、自分ができないことできる人をすげぇ尊敬してる。だから、親のこともちょー尊敬してる。でもそれ、一人暮らしし始めて気付いたんだ。中学生のころは、カラオケでオールさせてもらえないし、外泊できないし、一生ケータイ買ってくれないし、親の厳しさが死ぬほど嫌でケンカして倒したこともあるよ。でも今考えたら厳しかった反動で、楽しいこといろいろ探してたからこういうｋｅｍｉｏになったのかなって思える。ふたりの愛が私を作ってくれたんだって！　そうじゃなかったら、今こんなに自由になれてないの。

だからね、もう私が**「親が厳しい〜」とか「親が嫌い〜」とか悩んでる人に言えることってたったひとつだけで、「家、出てみ？」って。**人間っ

てぜいたくだから、毎日ご飯が出てくるありがたみとか、毎月電気代払うめんどくささとか、自分でやんないとわかんないの。自分がそうだった、まじで罰当たり。でも一人暮らしすると、「え、親すごくね？」ってていうことに気付けるよ。ほんとうちの親ってキングとクイーンじゃねっていう発見あったー。今はもはや「教えてくださいませんか」って電話で助け求めたりするかんね。ちょうどいい距離感ができて、リスペクトからの仲直り～みたいなこともある。私は実家で兄と同じ部屋をシェアしてて、その間はずっと仲が悪かったんだけど、それは距離が近すぎたからだったみたい。今では血がつながってるのはふたりだけだから助け合おうって思えてる。だからそうね、1回離れよ？　へへ。

まだ高校生だから無理って声が聞こえてきたんだけど、それは出られるまで待ってほしいんだけど、それまで絶対折れないでねって伝えたい。親の規制の中でいろいろいろいろ工夫して、絶対楽しいことやってやるって思い続けてると、**なんでも試してみよう精神が生まれて、それって絶対役に立つから。**私は本当に今その精神が役に立ってるー。私が証明でーす。この台詞言いすぎの罪だね、謝罪。

自分のレースは自分で作るって気持ちは大事だけど、時代の違う親でもわかる形で夢をアピールすることも必須よ

親に夢を応援してもらえないって悩んでいる人。kemioもそうだったから安心して〜。芸能人になるって言ったら「サーカス集団はやめなさい」「マジメに働いて人を養えるようになりなさい」って言われた。**何そのレール!?って。自分のレースは自分で作り上げるしって思ったよね。**他にもいろんなこと制限とか反対とかされたけど、買ってもらえなかったケータイも自分でバイトして手に入れたし、留学も自分で稼いだお金出して全部決めてから報告したし、応援してもらえないなら自分の力でやればいいだけなの。結局ね、大事なのは環境じゃなくてやり方だよ。だから「親が厳しい」とかってワード、正直聞きたくなーい!

っていっても、親は生んでくれた大好きな人だから、まぁ私の場合は

生んでくれた人ではないわけだけど、でもとにかく大好きで大切な人。だから、たとえもうケンカしてぐちゃぐちゃの関係でも、否定されたら悲しくなるよね。親にダメって言われると自分には無理なのかなって、四天王に倒されたくらいのテンションで夢を諦めそうになることもあると思うんだけど、冷静に折れないでほしい。耐えて、折れずに、やり方を探し続けて。絶対に負けちゃダメ。

最終的に、本当に譲れないことは親に認めさせるしかないのね。私の両親だって動画始めたときは大否定だったの。でもテレビや新聞に載ったのを見せたり、家にお金を入れたりするようになったら、徐々に理解してくれた。**親がわかる形で、親が納得できるように、夢ややりたいことを見せるっていうのも大事なんだと思う。**ただやりたいって言うだけじゃ、生きてる時間も時代も違う親にはわからないことだってあるわけだし。それは相手の価値観だから、仕方ないし、当たり前なんだよね。だったら四天王に認めさせてやるって勢いで、やり方プランを叩きつけてみたらいいと思うー。

私の広辞苑に才能って言葉はない。夢の理由は才能じゃなくて「やりたいから」でしょ？

才能って言葉は辞書から消してもらいたい。だって、才能とは？　私、ＣＤとか出してるけど、人様の耳に届けられる歌声のレベルではなくてめっちゃ加工してもらったんですけど。昔の話だしもういいよね、時効。笑　そのときは「でも別のことならできるし、そっちで夢追いかけよ」って思ったんだ。見た目のコンプレックスもあったけど、**見た目がいいって両親のＤＮＡがたまたまいい感じにマッチしたってことにすぎないかもしれないし、逆にそれ以外は自分で作れるって思った。**できないこともそりゃあるけど、そもそも、撃つ弾が全部当たるなんてありえないし。「才能があるからやりたい」んじゃなくて、「やりたいからやりたい」。やる前ってやめどきじゃなくない？　「ウチ才能ないから無理」ってあらかじめやめるんじゃなくて、やってみてもがいてでもこれ以上は無理ってわかったら諦めるの。ゲームオーバーは自分で決めたい。夢までの道のりなんて長いに決まってるから「才能があったら近道できるのに」って、やめる理由を探しちゃうんだったら、夢って呼ぶには中途半端だよねって思っちゃう。近道がなくちゃ行きたいと思えない場所、本当に行く必要ある？

夢への本当のショートカットはね、才能じゃなくて口に出すこと。私は「レディー・ガガに会う」「ランウェイ歩く」「CD出す」ってずっと言い続けて、全部叶えた。口に出すとバカにしてくる人とかもいるけど**「全然見返すので、ちょっとお時間頂いていいですか？」**ってシャットアウトしちゃえ！　あなたの間違いを5年後に私が証明しますってね。

さらに言うと「えー、やだ私才能ある～♡」って思っとけばいいの。なんでもいいから「えー、今日遅刻しなかった早起きの才能ある～♡」みたいな。才能なんてそんなレベルの話。深く考えて足を止める理由にするなんて意味不明だよ。

才能使って
ショートカット
したいって

思うような
夢ならやめ
とけば？

タイムマシンなんて永遠にないから、今やるべきことのジャッジとか、何をやるかとか賭けでしかなくてウチら一生ベガスなう

「今それやるべきだよ」「やらなくてもいいよ」なんてアラートは鳴らない。必要だったかは後からわかるの。私にとっては勉強がそう。「勉強しろ」をガン無視して、通知表に1が9個つくファイナルステージにいくまでやらなかったことをちょっぴり後悔。

その責任は自分で取らなきゃいけないんだよね。。アメリカで日本の歴史のこととか聞かれても、卑弥呼とかそのへんのメインキャラのことしかわかんなくて。「高校時代は必要ないって思ってたけど必要だったわ」って今まさに後悔してる。そんな感じで、**目の前にあることが将来必要になるか必要にならないかって、目の前にあるときはわからないの。**

友達にズタボロに裏切られたとしても、友情育んでる最中は一生の友達

になるとか思ってたわけで、それと一緒よ。今やること、やらないことって結局賭けでしかなくて、ウチら一生ベガス。まじで。

つまり、もう全部しょうがないの。「やるべきことを見極める」なんて永遠に無理。自分にそぐわないなってことをやらないでいて、もし将来「やば、必要だったわ」ってコンテンツにぶつかっちゃったら「じゃあ今からこれやろ」って思えればいいだけじゃないかな。私も時間あるときに勉強しよ〜って思ってるよ。もう高校には通えないけど、本気でやりたいと思えばやれるから、いつかやろーって。もしかしたら逃げてるのかも、、きゃあああ。でも、「もっと恥ずかしい思いしたらｋｅｍｉｏもやるでしょ」って思ってる。最終的には自分を信じてるの。必要性にしびれたら、人ってやるものだもん。

そう思わないと「あのときあれをやっておけばよかった」って自分で自分に洗脳されてつぶれちゃう。。そうやって、**自分が「昔やったこと」「やらなかったこと」については、今の私が責任持ってれば大丈夫。**だから、今は目の前のことをとりまやりまくって、その責任は将来の自分に任せとこー。

選挙に行く人が生きやすい世の中になるのはマジ当然。30代になったときに無理って言っても遅いから行く

私ってお金なくても気持ち的には一生バブルの一生セレブでいたいと思ってるけど、現実問題そんなこと言ってらんないよね。なんか不況〜税金〜少子化〜とか言われまくってて、ほんと若者的には生きづら、って感じのこと多い。お金がないし結婚式とか神社でいいし、っていうかもはや結婚に興味持てないし、子ども産まれても預けられないしって。保育園が抽選？　ライブなの？　保育園のファンクラブ入るべき？　って。そういう設定がちゃんとしてないからウチら不利じゃんって感じだけどさー、若者が選挙行かなくて、子育て終わった人が選挙行ってたら、そりゃ**子育て終わったくらいの人が生きやすい法案がガンガン通るよね**って。当たり前だと思う。

だからって大人たちにただ「選挙行け」って言われてもどうしたらいいかわかんなくない？　なんか選挙映えするフォトスポットとか作ればいいのにって思っちゃう。バカみたいな話だけど結構本気で。なんか政治の話は人にしちゃダメみたいな雰囲気あるし、ひとりひとりが意見持つのがむずいテンションをとても感じる。

だけどねアメリカに行ったら違ったの。まず政治への入り口がいっぱいある。有名人が政治に対して意見するし、ディスも飛ばすし、若者が興味持ちやすいようになってる。私が高校生のころなんて、政治に関して話すのはＴｗｉｔｔｅｒで議員さんのコラ画像回ってきて「やば、ウケる」ってときくらいだったのにって焦りました。アメリカだと若くても、意欲的に選挙に行こうって雰囲気がある。きっとそれが理想なんだよね。だってよく考えたら**政治にウチら世代の意見がないことが、私たちの30、40代とかに影響出てきて、そんときに「やだー無理ー」って言ったって遅いじゃん。**まじ危なくねー？　だから私は、ウチら世代ほど選挙に行くべきって思うわ。

過程を見てもらえないのも結果で判断されるのも当たり前。つらいなら脳の上に立って「頑張ってる」の気持ちを消して

世の中、ぜーんぶ結果で判断されちゃうの。過程より結果。そういうものだって受け入れるしかないよ。1から10まであっても、全部結果で判断される。だから、重要なのは「頑張ってる」って思いすぎないこと。**頑張ってるって気持ちは自分を追い詰めるよ。**私は「報われなーい」って思うのがしんどいから、ただ「やってる」って思ってるし言ってる。謙虚とかじゃなくて、自分を守るため。あとさー、過度の頑張りPR活動ってちょっとナンセンスかもしれない。「結果も出てないのにすごいな……」って、悪い意味ですごいなを感じちゃわない？　だから、そこは脳をだましてほしいの。「私は頑張ってる」じゃなくて「私はやってるだけ」「こうするしかないから、するんだ」って脳に思い込ませる

んだよ。私は、ずっと昔からそうしてる。

脳をだますとか、脳の上に自分が立ってコントロールするのとかって、夢に向かうにはすっごく必要なことだと思ってる。「できない」って思いそうな壁を発見しても「行ける」って信じるとか、失敗続いて向いてなーいってときでも「じゃあ私の場所はここじゃないんだ」「別の夢の叶え方があるはず」って切り替えるとか。実は私、脳をコントロールして思い込んでるところもあるの。今まで書いてきたことの中にも「脳のだまし方」の話をしているところがちょいちょいある。**脳って自分のものだから、究極、自分で左右できるじゃん？ 自分がつぶれないように、つらくならないように、思い込むの。**自分が脳の上に立って、不安なことを「不安じゃない」、つらいことを「つらくない」って感じられるようにあやつるような感覚。意味わかんないこと言ってんなって思われるかもだけど……。そう、「あー無理」ってネガティブの解決策は、脳の上に立つことなの。脳を自分が支配する勢いで、プレッシャーで首しめるだけの「頑張ってる」っていうワードを消すの。それしかない!!

人生の攻略本よこせよって感じのクールな大人になりたいけど年齢とかいうただの数字でアクションを変えるのは意味不明

私、30歳になるのが楽しみで待ちきれないかもしれない。むしろ人間30歳からスタートでしょってテンションだと思う。20歳で成人して、そこからの10年でためたものを武器にできるのが30歳からでしょ？　かわいいまま棺桶入りたいから『SK－II』は使うけど。ちな、私クールなロックスターみたいなおじいちゃんになる予定。笑う。昔は大人になると責任とか生まれるしこわーいって思ってたけど、**実際に年齢が上がってみたら、できることが増えていくからワクワクするようになった。**もちろん、想像通りの責任は生まれたけどね。

なんか街ですれちがう「人生攻略できてるんだろうな」って雰囲気の素敵な大人のあなた！　あなたになりたいの～！　人生の攻略本よこせ

よって言いたくなるような、カッコいい大人。私の知らないことをたくさん知っていて、いろんなサバイブを乗り越えたからこその武器をたくさん持ってる。見た目に出るよねー、そういう人に恋愛でも惹かれる。だから私の好きになる人には年上が多いのかもしれない。

でも、よくある**「いい年なんだから」**とか**「高校生じゃないんだからとかいう意味不明な意見には全然中指だよね。**駅で大声出す系とか他人様への迷惑行為以外にそんなコメント付くのはうるせぇわ、って思ってしまう。年齢とかいう番号に執着してアクション変える必要ある？「若いうちにしかできないよ〜」って、そんなこと1個もないと思う。年齢なんてしょせん人間が発明したことでしかなくて、体の感覚的には関係ないことだもん。放っといても勝手に増えていく数字になんて捉われずに、やりたいことはやりたいときにやればいいと思うんだ。そんなに年齢意識してると、数字以上にふけるよ？　あ、でも大人が口をそろえて言う定型文「20歳過ぎたらあっというまだよ」っていうのはほんとだったよ。まじでボルト級の秒で私も今年で24歳。

媚びなきゃ手に入らないチャンスなんてジャンク品。自力でつかんだほうがいいなんて世の中うまくできててグーのね

年を重ねている人を絶対に全員リスペクトしなきゃいけないっていうことでもないよ。だって、ダサい大人もいると思う。そういう人たちについては相手しなくていいよ〜。。とりま「お前を使ってやってんだよ」「チャンスあげてるよ」みたいな態度のやつとかマジでナンセンス。そんな強めのギャルから売られたケンカなんて、**こちとらブログに書いてアフィリエイトにしちゃうよ♡くらいのノリで生きたい。**だってやつらの性格なんてそんなすぐには変わらないから、無駄にダメージくらわないようにエネルギー削減のシャットダウンするしかない。上司とか先輩とか、毎日顔を合わせなきゃいけないからいろいろあると思うけど、「なんか言ってる〜」ってネタにして楽しんじゃうくらいの勢いよ。ダサい

大人より自分を信じよう。

そもそも人に媚びなきゃつかめないチャンスなんて不良品。自分でいいやつ探すんでって、ジャンク品さよならだよ。自分の手でつかんでレジに持っていったものじゃないと、一生は使えないかんね。自分で買わなかったものは、ありがたみもないしすぐ飽きるって決まってる。**ジャンク品のチャンスはすぐ壊れるし、人生にチートはいらないの。**チートしてすぐ成功したとして、たしかに一瞬は注目されると思う。でもそれまで魅力を積み上げてなかったらすぐ消えちゃって、結局ショートタイムで終わりそう。目先のものに飛びついたっていいこと1個もないと思ってて、たとえばそれはダイエットと一緒なの。ちゃんと時間かけて美しい体を作らないとすぐリバウンドする。苦労してやせないと、キープする気力も生まれない。だからね、自分で時間をかけてクリエイトしたチャンスで一生幸せになろ。でもそう考えると、まじうまくできてるよね。ちゃんと努力したほうがいいって世の中とてもよくできててグーのねってやつ。。

人生を楽しむ方法

そもそも「人生」なんて
大きいスケールで
考えてないのかもしれない。
今を楽しくする方法を常に考えてる。
明日ご飯食べに行かない?
やった、楽しみ!
ご飯食べてるおいしい楽しーぃ!
みたいな。
振り返ったら「あ、充実してた」
みたいなHAPPY ENDで締め上げる。

ちな私の人生の楽しさレベルがすっごい高いとかそんなんじゃないと思う。だって楽しいことって絶対誰の周りにもある。発見できてないだけで、みんな楽しいEverydayだよ!

人を見るより、
前を見てたほうが
楽しいよ。
人と比べてうらやんでも
何も生まれないし
わりと遠回り。

「うまくいかない」って、
たしかにそんな日もある、
けど平和でピースな人生が
当たり前すぎて
鈍感になっちゃってるときもあるのかも。。
私、昔のほうが足りねーって
思うことが多かったから、
今はちょっとの不幸や不満では
中指立てる気にならないわ。
I DON'T GIVE A F＊＊＊.

お金を追いかけるんじゃなくて
お金に追いかけさせるの。
私が先に行くから
お金、あんたがバトン渡しな

人生に楽しみ追加するのって絶対に有料じゃん。でも、何もしないでお金が降ってくることってないじゃん。だから働かなきゃいけないの。欲しいものとか「誰か買ってよ〜」って思うこともあるけど、バイトで「客ウザすぎて死ぬ」みたいな思いして買ってこそ喜び収益倍増ってテンションになれる気がする。

ブラックなところに勤めてて、働いてもお金がなーいってときは、もう転職しちゃえー!! なんか最低2〜3年はいるべきみたいな意見あるけど。。その意見を言ってる人って代わりに家賃払ってくれるわけじゃないし、**無駄なアドバイスを聞いてる時間に時給は発生しないし、さっさと自分で決めて給料発生する時間多めに過ごしたほうがいいと思う。**

お金稼げるのって自分が体動かして働いたときだけなんだから。金金って響きが銭ってるけど。。

矛盾するようだけど、お金ってすべてじゃないというか、後からついてくるものだとも思ってる。**お金は後回しにして好きなこと一生懸命やってたら、ついてくる。**お金を追うんじゃなくて、お金に追わせたいの。私が先行くからあんたがバトン渡しなって、私は本当にそんな感じ。高校生で撮影に行き始めたころって、単純な時給計算だとコンビニで働いたほうがお金もらえたんだけど、私のやりたいことはコンビニじゃなかったし、やりたいことだけで最初から食べられる人なんていないって祖父によく言われた。だから、少しずつステップアップして生活できるようになろって思った。そしたら狙ってたわけじゃないけどお金が後からついてきた。だから、目の前にお金がないからって夢を諦めないでほしい。もし叶わなくて5年後どうしようって思っても、それは5年後の自分が考える問題だから、今は気にしなくてきっと大丈夫。

暗いとこなかったら
一生光れないんだから
私と一緒にどんどん病んでいこ、
病んでる人をバカにするやつはバイみぃ

病むよねー。わかる私も病むー。一緒に病もうねー♡って感じ。どんどん暗くなっていこう。笑笑　だって暗いところがないと光れないんだから。ウチらシャドー促進委員会、影になっていこー。病むことに、みんな厳しすぎるんじゃないかなって感じる。「あいつ病んでばっかだよね」とか言ってバカにする人も見かけるけど、それは違うんじゃないかと思うよ。じゃあお前が病んだときはどうするつもり？　どう考えても、真剣に精神的に落ち込んでる人をバカにするのはいけないことだと思う。その人には病んでいる理由があるんだもん。**「病む」っていう言葉のせいでポップになりすぎてる感さえあるよね。**閉鎖的になっちゃう人のことは冷静に理解していきたいよねって思います。自分だったら、理解してもらえたらうれしいなぁ。

私の場合は、病んだら音楽をいっぱい聴く、お酒を飲む、ポジティブなセレブのインタビューを見る。私けっこう簡単なシステムだから、そういうことやってると次の日には元気になってる。寝たら忘れちゃうの。留学してから「もう帰ったほうがいいかも日本……」っていうことの連続だったけど、なんか気がついたら終わってた。とりま、ひとつの闇をダラダラ続けるのはやめたほうがいいかも。**どうせ次の闇がくるからすぐ行ったほうがいいの。「はい次の闇、はい次の闇こんにちは」ってファクトリー化しながら進んでいかないと追いつかない。**闇の2個持ち3個持ちとかしんどすぎるから、手放していかないとね。

人に話すのも楽になる方法のひとつだと思う。「病んでるって言われるのが嫌だから、自分で解決します」みたいな人いるけど、そんなに病んでる自分を否定しないで。「なんでそんなことで病んでるの？」とか言われたら、「同じお腹から生まれたわけじゃないんだし、あんたにはわかんないよ」って思っててほしい。病みに対して風当たりが強い世の中には、アンパーーンチ。

みんな私のこと爆竹タイプだと
思ってるかもしれないけど
実際ね蓋開けてみたら
線香花火みたいな人間なの。

怖いものが多くて、
いたってシンプルな
ベーシックなの。
それにたまに悩むのよ。

継続と努力は自分を盛るための最強アイテムでしかない。でも毎日エンジン全開は無理だから夏に動いて冬は冬眠♡もアリ

なんか毎日サボってるわってときに鏡見ると、あぁ盛れてな〜いって思わない？　私は思う。**努力は何に対しても必要不可欠で、頑張ってれば気の持ち方が変わって、顔つきも変わって、盛れるようになる。**ほんと継続と努力は最強なんだわ。「継続は力なり」っていう言葉を作った人に、億単位のお金あげたい！　ないけど〜！　本当は私が発明したかったくらい、あの言葉はしびれる。だって私もみんなも、やり続けることでここまできたんだもん。

でも私って飽き性で、コツコツなんてできないのね。すっごく息抜きが多いタイプなんだけど、つぶれる前に休んでるだけだからＯＫ。テンションの維持とか無理めだから、毎日努力できないんなら違うやり方

でやろーって諦めてるんだよね。人からは極端だねって言われるやり方なんだけど、GOGOGO！で2か月やって、1週間ぼーっと休んで……みたいなペース。継続の形や努力の仕方だって、常識とか普通みたいなことにハマらなくてもいいの。「Aちゃんが毎日努力してるんだから私も毎日努力しなきゃ」とかも意味ないと思う。人の性格なんてみんな違くてユニーク万歳なんだから、誰かができるからって自分もできるわけじゃないって思ってないと、つぶれてまう。。だから私はこのやり方に着地したの。無理してボロボロになるよりも、効率的なのかなって。

休んでる時間だって意味あるかんね。私はたまにひとりになりたーいってタイプなんだけど、それは考えごとするのが大好きだから。ずっと仕事とかのルーティーンの中にいると見えなくなっちゃうことがあるから、自分の脳と再会しに出かける。笑　**着地点とか特になくて、とりま脳内飛び回っていろんなしわに挨拶しに行く。そこから新しいアイディアが湧いたりするんだよね。**逆に、そういう時間がなくなったらひとつの考え方からの枝が伸びてこなくなっちゃって、楽しいことできなくなっちゃうと思うんだ。

あんなに便利なAmazonにだって不安を消す薬なんて売っ

てない。自分で脳をあやつって、不安じゃなくするしかないの。

他人の普通や幸せにあやつられる着せかえ人形にはなりたくない。「個性的が正しい」って価値観だって結局、誰かの枠にハマってるだけ

何回も言っちゃうけど、人と違うことってまったく気にしなくていいことなの。私も数億回「変わってる」とか言われたことあるけど、全然気にしない。昔は気にしてて、みんながやってる髪型にしてみたりもしたけど、途中から髪の毛ボンバーでもやりたいことやるし周りに合わせない！って決めた。変だって言われる悲しさより、大好きなものを追いかける楽しさのほうが大きいって気付いたから。自分の幸せは自分しか知らないって事実があるのに、みんなと同じようにしなきゃって思うのは、意味ない。誰かの幸せにあやつられる着せかえ人形みたいにはなりたくなかった。**変わってるって言ってくる誰かの「変わってない枠」にハマるのはくだらないなって。**見た目や性格だけじゃなくて、進学、就

職、結婚だってそうだと思う。HAPPYなことに、現代には全然生きていける法律もいい感じにそろってるし、時代に感謝しつつ私はやっていく！　みんなも一緒にそうしよー♡

逆に「個性がないとダメだ」っていうのも洗脳かも。個性のある人になりたいっていう気持ちはわかるけど、世の中の「個性がある」をなぞるのも、自分を見失ってるかもしれないよ。世の中的にはちょー多数派になっちゃっても、好きなものは好き、嫌いなものは嫌いって自分でジャッジしたい。だってこの世にいっぱいいてもいなくても、それが自分のキャラクターだもん。「憧れのあの人みたいになりたい」は自分を高めるいい目標だけど、**漠然と「変わってるのがいいんだ」「変わってる人になりたい」って個性信者になっちゃうのは洗脳とかコピー。**誰かがそうなってるからそれがいいっていう思考回路からくるものは個性でもなんでもなくて、結局誰かの枠にハマってしまっている別の何かだと思う。小さいころ、川で溺れかけたときに気付いたんだけど、人ってあっという間に死ぬ、驚いた。だから、周りの意見は気にせずやりたいことやるのが100％正解だよ。それがあなたの個性だと思う。

変わってるって
笑われるなら、

ベーシックでお疲れって
笑ってやるのウチら。

おしゃれなんて自己満で
ランウェイ歩いてる気分になれればOK。
インスピレーションに自分エキス混ぜて
自分のファッションを作ってこ

私ね、昔おしゃれってぜんぜんわからなかったー。今も皆無にわからないけど。今自分で5年前のコーデを見たら、「よくこんなちんちくりんで歩いてたな」って思うし。今のファッションも未来のkemioに見られたら「マジダサいね」って言われると思う。**でもいいの、今着たいから。ただただ好きなものを着るの。**どうせ将来の自分から笑われるなら、好きなものを着とくべき。昔はどこのサーカスですか?ってレベルのカラフルだったけど、今は黒がお気に入り。見るもの聴くもの触るものが移動しまくるんだから、服も変わっていく。それを怖がってたら、ファッションは楽しめないと思う!

誰かのファッションを見て「これいいな」って思うことはあるけど、

丸々マネしたくはないの。マネキンにはなりたくなーい。でもインスピレーションは大事よね。いいなって思ったらそのままコピーするんじゃなくて、自分エキスを3滴くらいビーカーに入れて4周くらい振り回して自分のファッションにする。Ｉｎｓｔａｇｒａｍ、お洋服屋さん、雑誌、街中、これだけ情報があふれてるんだし、地球の裏側の服だってゲットできる時代。だからいろんなものを見て、いろんなインスピレーション受け続けて、自分だけのファッション楽しめばいいのかなって。そうしているうちに、似合う似合わないだってわかってくるはず。私はそうだった！　人から「こっちのほうが似合うよ」なんて言われても、ピンとこなかったら受け入れられないしね。

おしゃれは完全自己満。誰に気に入られなくても、自分が気に入ってたらそれはおしゃれ。好きな服着て、その日聴いてる音楽とマッチして、そこらへんの道なのにランウェイ歩いてる気分〜〜ってなればそれはおしゃれなの。私は歩いてる人に二度見されるような服が好き。スクランブル交差点で自分を感じられるコーデだったら大満足って感じ。自分だけの答えを見つけられたら、それでマルなのよ。

自分の好きなことをして戦いながら生きてる人が好き。ガガもギャルも戦友のつもりだから私も負けないように好きにやるわ

私がこういうふうに、好きなことをまっすぐ信じられるようになったのは、レディー・ガガから受けた影響が大きいの。私の人生はレディー・ガガとともに在る。親友のナディヤが、中学生のころにダンスの発表会でかけてた『Just Dance』が、ガガの音楽との出会いだった。**おうちに帰って調べたら、「すげー、こんな服着て道歩けんだ！」って衝撃で、すごいなって。**彼女のことを知っていくうちに、人間性とかあふれる言葉とかが、つらい学生時代を送ってた自分に刺さって、崇拝するようになったの。『Born This Way』っていう曲がすごく好き。「あなたの歩む道は美しい」っていうような歌詞で、ストレートで単純なメッセージなんだけど、そういう言葉こそかけてほしいときってある

じゃない？　すごく刺さっちゃったから、今でも「ガガがいるから頑張れる……」っていう、神様みたいな存在なんだよね。私はガガの背中を追いかけて、戦ってるの。曲を聴くと、リアルタイムだったときの記憶が蘇ってきて「私もガガも、ウチら頑張ってた……！」って気持ちに勝手になる。笑　応援してるっていうより戦友みたいな感覚、これも勝手に。「ウチら」とか言われてガガからしたらちょっと迷惑かもしれないんだけど、CDも欠かさず買ってるしライブにも行くから、お願い、そう思わせて……。

私は、戦いの中で生き抜いている人が好き。だからギャルも大好き。ギャルの全盛期は町田に住むクソガキだったけど、テレビで見て**ギャルってみんな自由で好きに生きてて、キラキラで強くて、立ち向かう姿がとてもかっこいいなって思ってた。**ギャルのカルチャーというよりは、精神が好きなの。生き生きしている姿が素敵。好きなものを着て、好きなところに出かけて、メイクが変だとか周りから言われても「私が好きだからいいじゃん！」ってマインド、最高だ。

性格なんて気圧でも変わるし「性格がいい」って概念、いらなくない？そんなの自分の意識でなんとかできる範囲

自分の性格がやだ〜って思うときもあるけど、基本的には変わらないよね。でも、トライはできると思う。私の場合は、「自分の基盤は人の基盤と同じではない」ってことを意識するのに挑戦してる。基本的に性格ってツイートを消すみたいなノリでやり直すことはできないし、いきなり変えることはできない。私だって何回変えたいって思ったか……だけどまじそのまま生きるしかなかった。去年友達と話してて、「私は恋愛どうでもいいって感じだけど、この人にとっては人生のすべてなんだぁ」みたいに気付いたことがあったの。**毎日生きていると、知らず知らずのうちに自分の価値観や思いがみんなと一緒って勘違いしてしまうときがある。それって怖いこと。**自分の考え方でとらえすぎてはダメ

〜って思って、だからそういうとこは変えようって意識し始めた。意識して「なりたい性格の人」「なりたい考え方の人」の振る舞いをし続けてれば、定着して性格になっていくかもしれないし。こうなりたいって性格の、演技をしてみる。「自分はこういう性格の人間だ」って思い込んで、脳をコントロールしようとしてみる。そんなチャレンジを試みている最中でございます。

　っていうかそもそも性格って何？って勢いじゃない？　何をどこまで性格って呼んでいいのかがまったくわからないわ。遅刻しやすいっていうのも性格？　たまに怒りっぽいのも性格？　だって毎日気分も感情も違うから。何が起きてもＨＡＰＰＹな日もあるし、「なんか全部にムカつく！」って日もあるし、病む日もあるし、そもそも天気とかでも左右されちゃうものじゃない？　小さいころから変わってないわけがないけど「ここで変わりました！」なんてタイミングはない気がするし。だから「これが私の性格！」なんて概念がそもそもないんじゃね？って感じではある。**気圧で勝手に変わるくらいのレベルのもんだし、自分の意識でなんとかすることもできる**と思うんだよね。

オコで中指
コースになっても
振り返りからの

あっかんべー
くらいのかわいさ
維持したい。

「男らしく」「女らしく」は関係なくていいと思ったことをやるだけ。「男がえらい」は間違ってるって発覚したんだからそぐえよ、頼む

男らしくなりたいとか、女らしくなりたいとか、考えたこともない。**力があるから男らしいとか、足開いてて女らしくないとか、動作によって決めるの、それはなんかしっくりこなかった。**CHANELも化粧品の男性ライン出しましたし。極端なことを言うとね。「女の子みたいだね」とは??「ちゃんとしなさい」「普通にしなさい」ってもううるさすぎて死ぬよね。ハァハァ。

「かわいらしい人になりたい」とかって思うのは素敵だと思う。「いい会社に入っていい車買いたい」って思うのも。だけどそれって「女らしく」とか「男らしく」とかじゃなくて、あなたが思う素敵はそれね、オッケーって話なのよ。ただの価値観で、私はそこにハマるつもりはな

いの。全員に当てはめるのはやめてもらいたいなぁ。

モテとかもほんとくだらない。人の目のために生きるのは嫌だったし、苦しくなった。「男にモテるために」「女にモテるために」っていう雑誌は、私の目の前にあったら燃やしてるかんね。好みのタイプとか人それぞれなのに、誰が決めてるの？　多数派の意見ってだけだよね。

未だに「男のほうがえらい」って態度の人いるけど、あれってなんでなんだろう。私、人の価値観には口出さないって言いまくってきたけど、これだけは口出すわ。だってこれは「こっちに合わせて」って話じゃない。**「男がえらい」が間違った感性だったってことが発覚した状況なわけ。お前ら時代にそぐえ、頼む。**新しい価値観とかじゃなくて、こればっかりは間違ってるし、男性も女性もおたがいを尊敬すべきだと思う。だって素晴らしいもん。本来そういうものだったんだということに気付き始めたのが今、現代でございます。ってことでそういうこと押し付けちゃうひと全員Ｗａｋｅ Ｕｐだよ。

やりたいことがないのは捜索中ってだけだから○。全部興味ないとか言ってシャットアウトするのは×

時代ってちょー速くない？　秒だよね〜。将来どうしよ〜ってこと考えてる時間なんてほんとになくて、目の前のもの倒していくしかないのかも。やりたいことがあろうとなかろうと、そうだと思う。**やりたいことがないって悩んでる人もいるけど、それって全然ダメじゃないの。やりたいことをやるのが○なら、やりたいことに向かわず立ち止まってることが×な気がする。**やりたいことがない人も、目の前にあることをとにかくやればいい。そしたらきっと、自分が好きなことと嫌いなことが見えてくる。やってるけどまだ見つかってないって状況は、ちゃんと探してるんだから、やりたいことに向かっているわけだから、○だと思う。逆に、目の前にあることをやらずに「興味ない〜」「これじゃない〜」ってシャットアウトして「好きなことがない」とか不満垂れ流してるのは、ちょっと何言ってるかわからない。待ってるだけで見つかるとか、あんまりないと思うなぁ。

とにかくやったことないことをわかったように「興味ない」とか言うあんたの口はチャックしてやろう。笑　やってみたら楽しかったみたいなこととなんか死ぬほどあるし、その逆もある。**私だって、空手サッカー野球ダンスいろいろ習ったけど半分以上合わなくて退部届書き疲れた。**仕事が迷路だったときも、なんか花の種とか飛行機とか詳しくなれること探して「全部無理」ってなったからYouTubeという動画の世界に戻ってきた。興味ないことやるのにも、意味合いがある。周りに興味持てることがないからって環境のせいにしてるのはもったいない。好きなこととの出会い方はきっと人の数だけあるはずだから、楽しいことと出会うチャンスが少ない環境だったとしても、工夫すれば大丈夫。私、ケータイなくてPSPでネットしてたしね。。どこで何が見つかるかわからないって思いながら、目の前にあることをやるしかないのかも。私もまだまだ好きなこと探してるよ。たぶん一生探し続ける。立ち止まったら泡吹いて終わる、それがウチらの人生だから。一緒に探そ！

世の中なんて不平等祭りだし、「あ、これでOK」なんて平等は一生出てこない。だったら他人の平等にハマりに行くんじゃ

なくて、　自分で自分だけ
の平等作るぞくらいの勢
いで生きるほうが秒。悩
んで座ってるだけだった
らあっという間に棺桶よ。

自分のことを自分がいちばん信じてあげて、しっくりこない常識には中指立てて、棺桶までのランウェイをみんなで最高の戦いにしていこ！

最後になりましたー、秒だったねー。今までいろんなお話をしてきて「こうすればいいよ」とかとても上から言いまくっちゃった気がするけど、私には中指じゃなくて小指立ててね。笑　ｋｅｍｉｏみたいにできないよって思う人もきっとたくさんいる。私が「どうでもよくない？」って思ってることが全然どうでもよくないって人もたくさんいる。とてもわかる。でもね、**人それぞれ悩んでいることは別だけど、何かと戦ってるってことは同じ。**人によって大事なものが違うから、戦場も違う。だから、みんなどこかで戦ってるんだってことを理解しながら、おたがいの物語はシェアするけど、価値観のインフルエンスは強制しない。そうやってみんなと接していくのがビッグラブだよね。

もう耳にタコな言葉だろうけど、人生は1回だけ。やりたいことをやってから棺桶に入るのが絶対にHAPPYだよ。もちろん、ときにバカでけぇ壁に泡吹くこともある。でも「できない」って思い込んでることも、やってみたら想像してたより簡単だったりする。だから私は後悔しないように、「できない」の殻を破るの。生きる上でいちばん大切なのは自分だから、周りの人にとやかく言われたって、それはそれ。ウチの楽しさは、ウチが決める。他人から褒められなくっても、自分で自分を褒めてエサやって、やりたい道を突き進むのが私は正解だと思う。

平等なんて永遠にない。人それぞれいいところがあるぶん、持ってないものや苦手なことだって人それぞれ。それなら自分が使えるものを探して、知恵とか勇気とかなんでもいいから武器をカスタムして、不平等祭りの世の中をウチらで壊してこ。オリジナルのやり方を見つけて、環境を楽しいものに変えていこ。人生は、棺桶まで永遠のランウェイよ。しっくりこない常識を武器にしてる人たちには笑いながら中指立てて、自分のことを、自分がいちばん信じてあげて。そうやってめぐり合えた最高をこれからもシェアハピして生きていこ！　**一緒に病んで、一緒に戦おう。ウチらずっと戦友だよ。**

おわりに

はーい！　というわけで、みなさん最後まで読んでくれて本当にありがとうございました！　まとめてみると、ウチの人生本当にいろいろあったなって感じ。「こういうことだったか」って新たに脳が整理されて、発見もいっぱいあった。頭の中で考えてただけじゃ形にできなかったいろいろを、しっかり1冊にできたなと思っています。

今はスマホでなんでも解決できるしスケジュールまで管理できちゃう時代、字を書くことってなんだかとっても江戸チック、だけどちょー大事だって感じました。ＳＮＳの申し子とか言われちゃうこともある私だけれど、全部インターネットに乗っ取られるのも嫌だと思ってるから、物体である本という形にできてすごくよかったです。これからも、こういうデジタルじゃなくてフィジカルな活動もやっていきたいな。だって音楽も、ＤＬするのとＣＤを手に取るのってなんだか気分が違う。音質まで違うような気もしてくるし。きっと、本だってそうだよね！　だから、ｋｅｍｉｏのフィジカルを感じてくれてありがとーってテンションです。

この本を読んでくれたあなたの中に、何かが残ってくれていたらいいなと思う。「こういう生き方もあるんだ」って、人生がちょっとでも楽になってくれたらうれしいです。参考にしようとかは思ってくれなくてもいいの。何かあなたの中でつらくなっていることをちょっぴりでも溶かしてセルフケアのお手伝いができるといいな、くらいのイメージ。

金欠になったら売ってもいいけど、残しててもいいなって思って、ずっと取っておいてくれたら好き。あ、あと次世代の人に資料提供してね。博物館にこの本飾られるとか、夢すぎて寿命延びる。

Ｐ・Ｓ

電子書籍で読んでる人もフィジカルコースの一員だからね！　すきぃ。

until we die

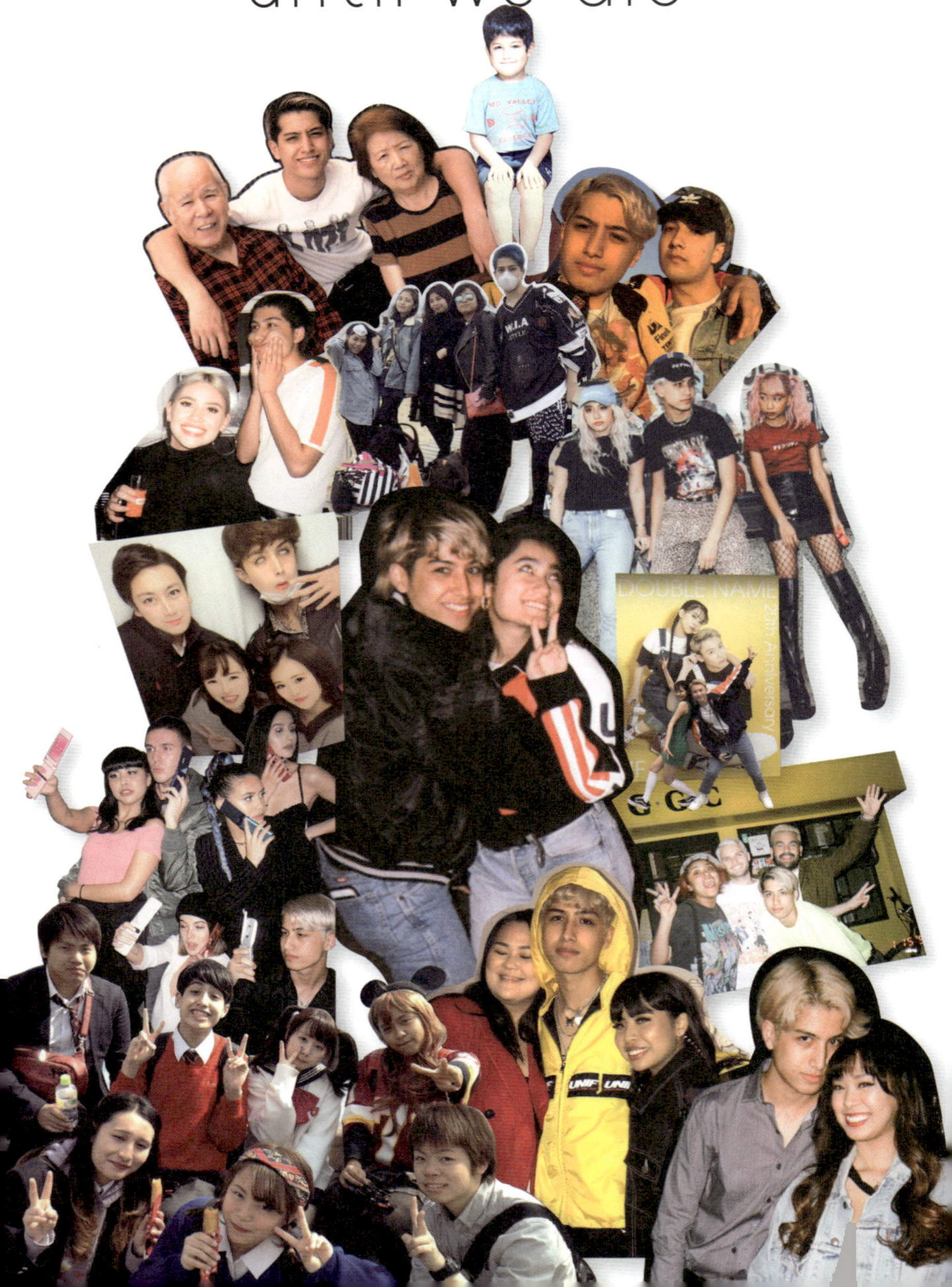

The runway

―― 撮影 ――
Cailin Hill Araki
(BEYOND TOKYO)

―― ヘア&メイク ――
Akitsune Takemura
(THE OVERSEA)

―― スタイリング ――
西村哲也

―― デザイン ――
bookwall(長﨑 綾)
(カバー、本文)
attik(太田友樹)
(p1-15、P206-207)

―― DTP ――
谷敦
(アーティザンカンパニー)

―― 校正 ――
麦秋アートセンター

―― 撮影協力 ――
Dai Araki
(BEYOND TOKYO)
渡辺真衣

―― 構成 ――
東 美希

―― 編集 ――
杉浦麻子

ウチら棺桶《かんおけ》まで永遠《えいえん》のランウェイ

2019年4月18日 初版発行

―― 著者 ――
kemio《けみお》

―― 発行者 ――
川金 正法

―― 発行 ――
株式会社KADOKAWA
〒102-8177 東京都千代田区富士見2-13-3
電話 0570-002-301(ナビダイヤル)

―― 印刷所 ――
凸版印刷株式会社

KADOKAWAカスタマーサポート
[電話]0570-002-301(土日祝日を除く11時~13時、14時~17時)
[WEB]https://www.kadokawa.co.jp/(「お問い合わせ」へお進みください)
※製造不良品につきましては上記窓口にて承ります。
※記述・収録内容を超えるご質問にはお答えできない場合があります。
※サポートは日本国内に限らせていただきます。

定価はカバーに表示してあります。

ISBN 978-4-04-065728-8 C0076